Francesco Luca Borghesi

Miliardi... Granelli di sabbia

MNAMON

Cinica introduzione

Le famiglie, le nostre famiglie, sono sempre più tormentate dalle difficoltà improvvise: una malattia e si spera pure non grave, una spesa che con leggerezza non si considerava, una riduzione dell'orario di lavoro, la perdita di quest'ultimo per vari motivi... La stragrande maggioranza delle famiglie italiane non può più pagare le bollette, o l'affitto, o la rata del mutuo, ma persino non può sperare di far fronte alle spese quotidiane, dal cibo ai vestiti.

La vulnerabilità economica delle famiglie cresce infatti di molto se paragonata a qualsiasi periodo che abbiamo già vissuto e questo significa che sempre più famiglie non riescono a far quadrare il bilancio anche a fronte di eventi eccezionali: sono infatti appena il 5,5 per cento i fortunati; il rimanente 94,5 per cento è da considerarsi in qualche modo vulnerabile e di conseguenza a rischio. Una famiglia su venti è tranquilla, poco davvero.

Non chiediamo la luna, non desideriamo girare in fuori serie: vorremmo solo essere sereni! Lo "choc", l'evento imprevisto più temuto e quello che più regolarmente si verifica, è la perdita del posto di lavoro, ma esistono casi solo, e si fa per dire, di riduzione dell'orario di lavoro che portano comunque uno sconquasso.

Altri eventi esterni non prevedibili che determinano riduzioni del reddito e aumenti di spesa sono, nella maggior parte, da ricondurre a separazioni, divorzi e semplici imprevisti.

Lo sai che genitori divorziati alle volte arrivano alla fame solo perché magari devono affrontare di colpo le spese per due abitazioni? Il dieci per cento delle famiglie italiane, secondo l'indagine, versa in uno stato di grave crisi economica tanto che per arrivare alla fine del mese, tutti i mesi, deve ricorrere a prestiti o aiuti. Naturalmente se trovi chi te li possa prestare, altrimenti si è costretti rubare.

Brave persone costrette a rubare!

Sì lo so, è sbagliato rubare ma se tua figlia di due anni morisse di fame e nessuno ti aiutasse, tu ruberesti?

Anche chi non si trova in una situazione così grave sperimenta sempre più spesso situazioni di difficoltà temporanea per fare la spesa, per comprare vestiti, per pagare le bollette, per pagare l'affitto, per le rate del benedetto mutuo e per saldare altri tipi di prestiti. Le difficoltà si riflettono anche sulla spesa quotidiana, a cominciare dal cibo, come prima avevamo detto. Oltre la metà delle famiglie ha ridotto la quantità e la qualità dei prodotti acquistati. C'è chi si nutre di cose scadute, dannose alla salute.

Alla famiglia italiana viene preannunciato un periodo di crisi che si protrarrà. Loro, anzi noi abbiamo già affrontato tagli pesanti anche solo, per esempio, sulle cure sanitarie, rinunciando a trattamenti o visite specialistiche necessarie.

Per parlare di tanti casi di difficoltà economica e rimanere nella cinica introduzione forse basterebbe portare un caso per tutti: Mauro Moretti 837 mila euro all'anno!

Scusa, stavamo andando così bene, ti stavo seguendo filo per segno e ora mi dici che la gente muore di fame mentre Mauro percepisce 837 mila euro all'anno? Per fare?!

E allora se diamo – perché siamo noi a dare a Moretti questa cifra – 837 mila euro per un anno di lavoro, vuol dire che non siamo in crisi?!

No, vuol dire che il compenso di questo manager e le sue dichiarazioni rappresentano un'offesa ad ognuno di noi.

Si sente pure un martire... Oh bella, zio, ma quel posto non lo voleva nessuno!

Percepisce questo misero stipendio come manager di Trenitalia ma per fortuna ha altri incarichi: presidente dello European Management Committee dell'UIC da dicembre 2013, vice presidente UIC (Union Internationale des Chemins de Fer) da marzo 2009, membro executive board dell'UIC, co-chairman italian egyptian business council da settembre 2012...

Basta per carità, come farà a fare tutte quelle cose?! Anche se noto che hai scritto tutto in minuscolo... Hai fatto bene, lui è modesto, non ci tiene.

Non ho mica finito... Componente della giunta di confindustria da ottobre 2006, componente del consiglio direttivo di confindustria da ottobre 2009, componente comitato tecnico Europa (confindustria) da settembre 2012, componente della giunta di Assolombarda da maggio 2007. Ma lo saprà di fare tutte quelle cose? Si ricorderà dove si deve presentare il lunedì mattina?

Non sono neppure a metà: componente del consiglio direttivo Assolombarda da luglio 2009, vicepresidente con delega alle grandi infrastrutture dell'unione industriali Napoli da dicembre 2010, componente consiglio direttivo Unindustria da ottobre 2012, presidente del CIFI (Collegio Ingegneri Ferroviari Italiani) dal 2004, membro della Giunta ANIE (Federazione Nazionale Imprese Elettrotecniche ed Elettroniche) da gennaio 2003...

Io sono stanco solo a guardare l'elenco e non riesco ad immaginare lui a portare in giro una valigia di biglietti da visita da sessanta chili.

Non ho ancora finito, Mauro è anche membro del comitato scientifico della fondazione politecnico di Milano da marzo 2012, consigliere generale fondazione SLALA da febbraio 2008, presidente della consulta del progetto FIGI (Facoltà Ingegneria Grandi Imprese) dell'Università La Sapienza di Roma da gennaio 2013, sindaco del comune di Mompeo in provincia di Rieti, dal 2004.

Inoltre è consulente della rivista Ingegneria Ferroviaria e svolge attività didattica/accademica in numerosi Masters post Universitari e corsi universitari; infine è autore di numerose pubblicazioni in campo di tecnica, tecnologia ed economia dei trasporti.

Bravo!… Sarà bravo, ma come diavolo fa a fare tutte queste cose?

È assolutamente impossibile ricordarle tutte, figuriamoci farle.

È un po' come se un campione come Alessandro del Piero, scusa l'esempio ma io non sono tifoso di nessuna squadra, potesse giocare in Australia, tornasse a giocare a Torino nella Juventus, il mercoledì sera nel Milan, allenatore del Marina di Ravenna, capitano del torneo di bocce della squadra degli anziani di Arenzano, regista della commedia "Hot" portata a teatro dai vigili del fuoco di Bari e così via.

Come fa Mauro Moretti solo ad essere a Mompeo a decidere, a votare delibere, a seguire con cura i cittadini di questa cittadina in veste di Sindaco se è in giro per fare tutte queste cose?

Non tutti hanno un lavoro, lui ne ha 20! Forse 40 e li porta a termine nel migliore dei modi?!

Guadagna al giorno quanto alcuni cittadini italiani guadagnano in un anno e con superficialità potrei smettere di scrivere perché questo ci basterebbe a capire perché le cose non funzionano.

Invece no, questa è solo una cinica introduzione, fai pure dei doppi sensi sull'introduzione, e devo continuare anche sul caro, inteso come costoso, Mauro Moretti.

Lui non fa solo questo: si lamenta pure, quando avrebbe potuto il buon Moretti offrirci una buona Moretti (non è pubblicità, è invece sarcasmo).

"Qui non stiamo a poltrire negli uffici, siamo un gruppo industriale, qui si lavora. È una realtà non facile, quella del trasporto ferroviario, dove ogni giorno ci si gioca la faccia".

Oh, che poverino! Si gioca la faccia… Il suo lavoro è duro, poverino. Lui non sa cosa significa fare il carabiniere e farsi ammazzare per una miseria mentre si fa un controllo o peggio si protegge il Cavaliere, perché l'hanno fatto anche Cavaliere, Mauro Moretti.

Ricordi la canzone?… La provinciale sembrava un forno… C'era l'asfalto che tremolava e che sbiadivo tutto lo sfondo… Ed è così tutti sudati che abbiam saputo di quel fattaccio… Di quei ragazzi morti ammazzati… Gettati in aria come uno straccio caduti a terra come persone… Che han fatto a pezzi con l'esplosivo… Che se non serve per cose buone… Può diventar così cattivo che dopo quasinon resta niente… Minchia signor tenente e siamo qui con queste divise… Che tante volte ci vanno strette… Specie da quando sono derise da un umorismo di barzellette… E siamo stanchi di sopportare quel che succede in questo paese dove ci tocca farci ammazzare per poco più di un milione al mese… Ma erano lire.

Minchia Signor Moretti!

E lui dice che il suo posto non lo voleva nessuno?!

Nessuno voleva fare l'amministratore delegato delle ferrovie?! A te l'hanno chiesto? A me no, a dire il vero.

Io l'avrei fatto, ma anche oggi se me lo chiedono e attenzione, potrei farlo meglio.

Allora cosa farnetica, cosa vuole, cosa gli rode?!

Tutto questo sarebbe sufficiente a motivare una crisi ma è solo la ciliegina di una torta, una torta putrefatta.

Caro Moretti, davvero credi che su 60 milioni di italiani non ci sia uno più bravo di te? Arriva sempre il pistolero più veloce, arriva sempre chi batte il tuo record…

Sì lo so, ormai non ti interessa poi molto: sei ricco abbastanza.

E poi non è il peggiore… O il migliore se si vuole guardare la cosa dall'altra parte. Pensavamo a un caso isolato?

Sono tanti che guadagnano più di Moretti o meno, ma sempre stipendi faraonici.

Secondo gli ultimi dati, ad esempio, per l'ultimo mandato della guida operativa di Poste lo stipendio di Massimo Sarmi arriva a 1.563.719,83 euro. Al suo presidente, Giovanni Ialongo, sono andati comunque oltre 900 mila euro. Al presidente del Coni, Gianni Petrucci, sono spettati complessivamente 194 mila euro e 336 mila all'a.d Raffaele Pagnozzi. Al Coni siamo quasi a chiedere la carità.

Ancora meglio è andata a Mauro Masi, a.d. Consap, autorità che gestisce i servizi assicurativi della P.A., che al 2012 ha ricevuto come totale erogato oltre 473 mila euro. Di tutto rispetto anche la retribuzione annua del presidente dello stesso ente, Andrea Monorchio, ex direttore generale del Tesoro: poco meno di 226 mila euro.

Addirittura superiori sono i compensi per i "gioielli" quotati dello Stato, i colossi dell'industria a partecipazione pubblica. L'a.d. di Eni, Paolo Scaroni ha visto lo stipendio salire per il 2012 a 6,4 milioni (di cui quasi 5 milioni di bonus), staccando l'a.d. dell'Enel, Fulvio Conti, i cui compensi sono scesi a poco meno di 4 milioni (con un bonus di 2,5 milioni). Io che sto scrivendo ho conosciuto Fulvio Conti quando ero un ragazzino e cominciai a lavorare in Montedison Spa: il buon Fulvio era una persona normalissima con cui si prendeva un caffè in serenità... Penso che lui me ne abbia offerti due e io tre e oggi mi gongolo sapendo che ho offerto un caffè in più a qualcuno che guadagna così tanto.

Vorrei dire di più, Fulvio era una persona normalissima, nelle poche conversazioni che abbiamo avuto non mi ha mai stupito.

Mai!

A questo punto ripeto che guadagna poco meno di 4 milioni (con un bonus di 2,5 milioni) ma posizionandosi un pochino sotto il timoniere della controllata Saipem, dove l'ex a.d. Pietro Franco Tali ha incassato 6,94 milioni, comprensivi però della buonuscita dopo le dimissioni per lo scandalo in Algeria, nonché un bonus di 2,28 milioni. Per il presidente del Cane a sei zampe, Giuseppe Recchi, si è passati nello stesso periodo da 637 mila a poco più di un milione. A Flavio Cattaneo, amministratore e direttore generale di Terna, sono andati 2,35 milioni... E poi mi pare che abbia avuto come bonus anche la Ferilli.

L'elenco sarebbe lungo, davvero lungo, ma è meglio ricordarne solo qualcun altro per non annoiare, tipo lo stipendio del nuovo presidente di Finmeccanica Giovanni De Gennaro: pur essendo il gruppo quotato, rientra invece nel tetto dei 300 mila euro stabilito per i compensi dei manager previsto dal decreto Salva Italia. Visto?! C'è anche chi è bravino, no?!

A dire il vero a te non interessa di questi stipendi e a me neppure, a noi interessa se l'Italia parte, si spera non in treno. In questo modo non arriverà mai.

E dire che avevamo fatto le cose nel modo giusto: avevamo scritto una costituzione che davvero diceva che siamo persone uguali in tutto e per tutto.

Leggiamo insieme prima di buttarci a capofitto alla ricerca del bandolo della matassa, alla ricerca dell'annosa questione di stabilire se mai sia più vecchio l'uovo oppure la gallina, scoprendo con piacere reciproco dove sia mai il famoso punto g… Leggiamo insieme con attenzione questi tre dogmi inviolabili:

Art. 1 L'Italia è una Repubblica democratica, fondata sul lavoro. La sovranità appartiene al popolo, che la esercita nelle forme e nei limiti della Costituzione.

Art. 2 La Repubblica riconosce e garantisce i diritti inviolabili dell'uomo, sia come singolo sia nelle formazioni sociali ove si svolge la sua personalità, e richiede l'adempimento dei doveri inderogabili di solidarietà politica, economica e sociale.

Art. 3 Tutti i cittadini hanno pari dignità sociale e sono eguali davanti alla legge, senza distinzione di sesso, di razza, di lingua, di religione, di opinioni politiche, di condizioni personali e sociali.

È compito della Repubblica rimuovere gli ostacoli di ordine economico e sociale, che, limitando di fatto la libertà e l'eguaglianza dei cittadini, impediscono il pieno sviluppo della persona umana e l'effettiva partecipazione di tutti i lavoratori all'organizzazione politica, economica e sociale del Paese.

Lo so, anch'io vorrei approfondirli perché ogni volta mi disorientano, mi lasciano spiazzato; vedrete in seguito però che ci aiuteranno a capire... Forse...

È compito della Repubblica rimuovere gli ostacoli di ordine economico e sociale?!

Cioè Mauro Moretti prende ottocentosettantamila euro da Trenitalia, ma in tutto non si sa, e un cittadino ruba un pacchetto di pasta al supermercato perché ha due bambini piccoli ed è compito della Repubblica rimuovere gli ostacoli di ordine economico e sociale?!

Ragazzi, non scherziamo.

Moretti si lamenta e forse gli danno pure l'aumento mentre l'uomo che ha rubato la pasta si pente, torna indietro e restituisce il pacchetto di pasta, che poi forse era scaduto, e dice che non vorrebbe dare il cattivo esempio.

La repubblica però ha il compito di rimuovere gli ostacoli di ordine economico e sociale!

Bé, anche tu, come sei... Il Moretti della situazione ha studiato, si è conquistato ogni singolo euro, magari l'uomo che ha rubato la pasta non si è dato da fare perché forse non ne aveva voglia.

È possibile, ma forse perché non ne ha avuto la possibilità.

Facendo indagini statistiche o cose del genere, emergerebbe che sono più le persone che non hanno avuto le possibilità di quelle che non ne hanno avuto voglia.

Apro ancora una parentesi per dire che il settanta per cento, perbacco il settanta, della popolazione italiana ha competenze ritenute al di sotto del minimo indispensabile per vivere e lavorare nel ventunesimo secolo.

Ah scusa, un'altra cosa, pare che la maggioranza degli italiani, e ribadisco la maggioranza, non pronunci Italia bensì Itaglia... Sì, Itaglia! Andiamo pure avanti perché è quindi palese che il lavoro debba esserci, altrimenti non esisterebbe la repubblica, è altrettanto nitido che i nostri diritti debbano essere tutelati, altrimenti non esisterebbe la patria, tutti i cittadini sono uguali davanti alla legge senza distinzioni di… Condizioni personali e sociali?!

No dai, non dire così… Il lavoro non c'è e se c'è non per tutti, ognuno ha diritti diversi, e per quanto riguarda l'uguaglianza anche se fosse che chi ha i milioni di euro può permettersi gli avvocati migliori, non sarà mai uguale a chi invece non ha capito neppure di essere davanti ad un tribunale perché non ha studiato, perché non ha soldi.

Le cose sono così, ma almeno serenamente possiamo dire di non essere responsabili; abilmente ci siamo tolti la responsabilità.

Eccoci pronti, come sempre, a cercare un colpevole, senza mai proporre una soluzione.

A noi basta trovare un colpevole… Mauro Moretti? Non so, dillo tu.

Giudichiamo senza avere la minima idea di come stanno le cose, neanche in linea semplificata… A noi basta avere il colpevole ed è come se tutto si fosse risolto.

Così molto superficialmente giudichiamo la tristemente famosa "Casta" che è responsabile dell'affossamento della povera Italia; la "Casta" guadagna troppo e per questo non ci sono soldi per noi.

Cosa sia questa casta non è ben noto, ma siamo come al solito gli allenatori del dopo partita, che se fossimo stati interpellati prima la nostra squadra del cuore avrebbe vinto anche con tre reti di scarto.

Ne siamo proprio proprio sicuri?!… Forse abbiamo sentito qualcosa al telegiornale oppure, peggio, dalla parrucchiera?

Sì, l'ha detto la parrucchiera, la "Casta" sarebbe un gruppo che gode di privilegi e ha a che fare con la politica… Almeno qualcosa del genere, vuoi dire forse che non corrisponde al vero?

Qualcosa di vero in effetti c'è, ma è forse meglio approfondire l'argomento.

La politica italiana costa, allo Stato italiano, ventiquattro miliardi di euro e presi come dato singolo sembrano una cifra mostruosa, la causa del disastro economico della crisi italiana e forse europea.

Con un gioco di parole posso dire: la casta costa!

Allora avevo ragione? Guadagnano troppo quegli scansafatiche? Bé forse alcuni, forse sì, ma fanno girare la ruota e ora vedremo meglio come.

La politica italiana costa allo Stato italiano ventiquattro miliardi di euro ogni anno che il Signore ci permette di andare avanti, ma questi introiti sono divisi su un milione di persone.

Possibile? Sei sicuro così tanti?! Perché se fosse così ognuno percepirebbe, al lordo delle tasse, ventiquattro mila euro l'anno e non ci sarebbe da gridare allo scandalo.

Attenzione: ho scritto divisi su un milione di persone, ma non equamente.

Chi ha in dotazione l'auto blu percepisce quindicimila euro netti al mese mentre il piccolo assessore di un piccolo paesino non percepisce compenso o quasi; inoltre, nel costo della politica c'è da considerare anche lo scrutatore delle elezioni che potrebbe portarsi a casa ben duecento euro.

Però sono tante, ma tante.

Sembrerà strano quello che leggerai nelle prossime righe, strabuzzerai gli occhi ma chi percepisce immeritatamente molti, troppi soldi li fa anche girare.

Eh sì, chi nella vita non hai mai lavorato e di colpo, per bravura o fortuna, si trova in un determinato posto con un lauto stipendio, non bada a spese; i soldi girano e creano lavoro e guadagni per altri.

Un'ingiustizia certo, uno scandalo di sicuro, anche un paradosso ma la sacrosanta verità.

Andare al ristorante, pagare i conti della moglie annoiata nelle boutique del centro, della governante magari tettona e poco volenterosa – almeno – di spolverare, le scuole private dei figli, il circolo del tennis, anche se non si sa giocare, le vacanze, i regali e migliaia di cose inutili, comprese le false opere d'arte.

I soldi di chi guadagna facilmente ma soprattutto immeritatamente, girano in modo molto veloce.

Vorresti allora anche tu una governante tettona, disposta ad assecondare le tue voglie piuttosto che spolverare?! Mi spiace, non posso darti torto ma le cose stanno così; trovandosi da quella parte molti farebbero altrettanto, io mi ci metto per primo in modo da non fare il superbo, ma a noi non verrà data l'opportunità.

Su ventitré milioni di persone occupate – le cifre sono sempre arrotondate – un milione ruota intorno alla politica.

Mettiamo che potessimo, schioccando le dita, eliminare tutto ciò, in effetti si risparmierebbe un sacco di soldi ma non abbastanza per fare migliorare i conti dello stato e si troverebbero altri disoccupati, in aggiunta a quelli già esistenti, da sfamare.

Oh, sì certo… Ma loro ne approfittano.

È vero: loro, almeno alcuni o forse la maggior parte, ne approfittano e questo fa schifo, questa è una vergogna.

È vero.

Eticamente è inconcepibile, ma tu che stai leggendo hai la coscienza pulita?

Forse, io che scrivo non lo so, ma prova a pensare se hai mai pagato un conto del dentista, del falegname, dell'idraulico senza che lui ti facesse la fattura con la consapevolezza che il professionista evadesse e a te fosse data la possibilità di pagare meno?!

No, tu non sei di quelli… Magari però con il tuo suv hai parcheggiato nel posto destinato ai diversamente abili?!

Non hai il suv?! Ah l'hai fatto con una panda?! No, per te certe cose sono sacre… Bene, ne sono felice, tuttavia se un negoziante per sbaglio ti desse un resto in più, cosa faresti? Trovando un portafoglio con dentro mille euro lo riporteresti?!

I casi potrebbero essere un milione… Magari usi facebook sul posto di lavoro, per poi lamentarti che i politici rubano il pane mentre tu stai cercando un'amante virtuale… Poi, se l'azienda dove lavori non funziona è colpa dell'imprenditore incapace, ma tu hai sempre fatto il tuo dovere?

Sì, ma sono loro che decidono e per questo, se l'Italia va male, è colpa loro.

Certamente hanno una parte di colpa, ma una parte è mia, una parte di colpa è anche tua.

Torniamo però alla famosa casta, non perdiamoci questo punto fondamentale: la casta non funziona, è sprecona, non si mette d'accordo e mangia tuttavia senza volerlo, e forse peggio, senza saperlo, fa girare le cose e dà occupazione.

Come?! ti chiederai di certo… Fanno tutto questo casino e senza saperlo danno da lavorare?! È incredibile, ma vero.

Entriamo nei dettagli: metà dei giornali, sono sempre conti sommari, sono infarciti di politica; pagine e pagine di parole al vento, di notizie prive di riscontri oggettivi, pagine di sensazioni, di pareri.

Immaginate da domani nessuna notizia politica, verrebbero così dimezzate le testate dei giornali, gli inviati, i grafici, anche i pubblicisti e così i telegiornali, i giornali radio su internet: da domani centomila – riscrivo centomila – persone rimarrebbero a casa.

Invece scrivendo che il leader di centro destra stranamente aveva indosso un capo color rosso, solitamente simbolo della sinistra, non si risolvono problemi ma si hanno posti di lavoro. Ci avevi pensato? Sei del settore? Allora concorderai con me su quanto appena letto.

Non finisce qui, la nostra classe politica ci dà molto di più, senza saperlo ovviamente.

Le forze dell'ordine sono mal gestite questo è certo!

Ci sono dei validi, seri professionisti che magari, perché di servizio ad un sottosegretario, devono accompagnare la cameriera tettona di prima, che nel frattempo è diventata amante ufficiale, ad una località sciistica.

Come?! Avevano una cameriera tettona che non spolverava e che ora è diventata amante ufficiale, e un militare la deve accompagnare in montagna? E noi paghiamo?! Questa è davvero una vergogna!!!

Magari la ragazza tettona è giovane, il militare è giovane, si piacciono e fanno sesso sfrenato in auto mentre il politico paga tutto… Bé paga tutto… Si fa rimborsare e pagano gli italiani. Sì, è davvero una vergogna ma molti militari, poliziotti ed affini ruotano intorno alla politica.

Difendono anche politici che non meritano; politici di cui nessuno conosce l'esistenza, scarrozzano la ormai famosa tettona e null'altro.

Le forze dell'ordine comprendono quattrocentomila uomini e donne... Ma quanti dovrebbero essere davvero, quanti potrebbero essere?!

È difficile dirlo perché lo spreco non è solo accompagnare le tettone, proteggere gli illustri sconosciuti... Lo spreco principale è sulla gestione globale degli stessi.

Prendiamo cosa è successo in Francia all'inizio del 2014, solo per esempio e così possiamo essere più critici, essendo italiani.

Lo so, mi rendo conto: per spiegare meglio cosa succede in Italia porto un esempio della Francia?!

Attendi un attimo, vedrai che è calzante.

François Hollande, il presidente francese, ha solitamente un'imponente scorta di polizia, ma quando andava dall'amante si recava presso l'abitazione "galeotta" in scooter.

Non è che qualche volta la scorta è solo un'ostentazione di potere?!

Detto questo, gli uomini al servizio di politici, di manifestazioni inutili, di rappresaglie frutto di malcontento per decisioni sbagliate o inefficienti del parlamento, addirittura per scelte neppure prese, potrebbero essere notevolmente ridotti se tutto funzionasse.

Di quanto, in questo caso?! Cinquantamila?! Addirittura centomila?! Non lo possiamo sapere, ma come possiamo constatare insieme, i posti di lavoro diminuirebbero a dismisura.

A questo punto possiamo dire, è ingiusto che i politici guadagnino senza fare nulla, almeno chi si comporta così, ma siamo certi che questa confusione per un verso oppure per l'altro porti lavoro anche a chi, volente o nolente, compie il proprio dovere.

Questa domanda la farò spesso in seguito: qual è il vero, il principale, problema dell'Italia, il problema che l'ha condotta sul baratro?

Se è vero che i ventiquattro miliardi per i costi della politica sono un'enormità, è altrettanto vero che, come detto poco fa, creano anche occupazione e di conseguenza non si tratta di danno fine a se stesso. Ingiusto, eticamente non corretto, ma non solo danno.

Poi, se vogliamo paragonare questa uscita, i ventiquattro miliardi, con le entrate dello Stato, circa cinquecentoventi miliardi, di fatto si tratta di un approssimativo cinque per cento!... Il cinque per cento della torta... È la torta intera?!

Allora perché parliamo sempre dei costi della politica?! Forse perché è più facile? Forse perché nostra moglie l'ha sentito dire dalla parrucchiera?

Magari la parrucchiera, solo per curiosa coincidenza nel momento stesso che informa la nostra gentile consorte di queste vicende politiche, chiede, abbassando il tono della voce: "Non ti fatturo vero?! Tanto a te non serve e poi così risparmi il venti per cento!"

La parrucchiera più audace aggiunge: lo faccio per te, con i tempi che corrono almeno risparmi qualcosa!!!

Amorevole parrucchiera.

Secondo uno studio presentato al parlamento europeo da Tax Research London il nostro paese è il primo in Europa per evasione fiscale. L'ammontare complessivo delle tasse non pagate non ha paragoni tra i partner europei: ben 180 miliardi di euro annui, il ventisette per cento del gettito fiscale complessivo. Dai dati raccolti emerge che l'evasione totale, sommata all'elusione, ammonta a circa mille miliardi di euro ogni anno: un importo che, se fosse completamente recuperato, consentirebbe di ripagare tutto il debito pubblico dell'Unione nell'arco di pochi anni! Pochi… Pochissimi… Due o tre…!

Almeno a livello europeo per l'Italia dovrebbero servire un pochino di più ma poi sarebbe il paradiso… Si vivrebbe davvero bene, le tasse sarebbero basse e ci sarebbe la possibilità di avere servizi. In seguito tornerò sull'argomento ma ora è indispensabile focalizzare l'attenzione sulla professionista citata. La nostra parrucchiera – non che io sia accanito verso la categoria, ovviamente si tratta di un esempio – contribuisce all'evasione e la nostra signora accetta.

La nostra signora ne è fiera tanto che la sera lo sbandiera al marito, "Caro abbiamo risparmiato 20 euro ne abbiamo pagati solo cento…"

La risposta di solito sottolinea la distrazione del marito sul fatto che la signora in questione sia stata tre ore dalla parrucchiera tanto da non aver notato l'acconciatura nuova. La risposta fa poi scatenare una lite familiare: "Risparmio?! E per cosa?!"

Da lì si susseguono: "Ma come non hai notato niente di nuovo in me?!"

"Boh… Ma non avrai mica speso cento euro in quel grembiule macchiato di ragù?!"… Da lì al lancio dei piatti il passo solitamente è breve, tanto che il risparmio solitamente serve per acquistare nuovi piatti e bicchieri che nella nottata vengono lanciati alla rinfusa.

Perché poi la gentile e premurosa parrucchiera applica uno sconto del venti?!

Ma come non lo sai?! È per l'iva…

Sì, dunque, prima di tutto l'iva è del 22% e quindi si trattasse dell'iva non versata allora la gentile parrucchiera dovrebbe fare uno sconto del 22%, ma lasciando perdere questo aspetto marginale dov'è il guadagno della parrucchiera?

Ricapitoliamo: se lei guadagna 100 euro in nero li mette in tasca… Se fattura deve pagare 22 euro d'iva e così dovrebbe farti pagare 122 euro di cui 100 li trattiene per se come prima mentre versa i 22 allo Stato?!

Se fosse così ci guadagnerebbe solo la cliente, allora perché la parrucchiera rischia una multa salata? Solo per generosità?! Ci avevi pensato?! Mi sa che qualcosa non quadra!

Se le cose fossero davvero così, la parrucchiera direbbe: "Mi spiace ma io non posso rischiare" e non aiuterebbe la cliente perché le leggi sono leggi.

Allora com'è la verità, dove guadagna la parrucchiera?! Ci avevi pensato mentre litighi con tua moglie?!

Scusa non vorrei annoiarti, ma ti devo dire che si tratta di dichiarazione fraudolenta. Condotta: falsificazione delle dichiarazioni dei redditi o Iva inserendo elementi passivi fittizi o alterando le scritture contabili. Il reato sussiste se l'imposta evasa è superiore a 30mila euro, i redditi non dichiarati superano il 5% del totale o comunque un milione di euro; la sanzione prevista è reclusione da 1 anno e 6 mesi a 6 anni.

Ohi ohi, la parrucchiera rischia il carcere solo per fare una gentilezza a tua moglie?! Si tratta invece di dichiarazione infedele quando le dichiarazioni non veritiere sono al di fuori dei casi precedenti (senza un impianto fraudolento, ma comunque consapevolmente e volontariamente). Il reato sussiste se l'imposta evasa è superiore a 50mila euro, e i redditi non dichiarati superano il 10% del totale o comunque i 2 milioni di euro.

Eventuali punizioni prevedono la reclusione da 1 a 3 anni… Ancor più strano che la nostra amica parrucchiera lo faccia per tua moglie, non trovi?!

Potrei anche parlare o scrivere di dichiarazione omessa quando si osserva la mancata presentazione delle dichiarazioni dei redditi o iva entro 90 giorni dalla scadenza. Il reato sussiste se l'imposta evasa è superiore a trentamila euro e anche qui si rischia una reclusione da 1 a 3 anni. Ci sarebbe anche l'emissione di fatture false, ma la parrucchiera non le emette proprio… E poi occultamento o distruzione di documenti contabili, ma non vorrei divagare in quanto già si apre un mondo sommerso di dimensioni davvero incredibili.

Esistono diversi studi, diverse fonti, diversi risultati anche elaborati per settori, tuttavia la più accreditata è una tassazione media ponderata della piccola impresa pari al 55%.

Quindi in sintesi la nostra amica parrucchiera, amica della nostra signora, per altruismo regala il 20% (che poi dovrebbe essere il 22%) e lei risparmia il 55%.

Ah ora capisco, lei guadagna di più di quanto ci concede per generosità.

Ora ci siamo, lei ci guadagna di più, lo fa per questo, non perché sia gentile. Allora dovrebbe dire, "Guadagno il 55% – poi bisogna vedere caso per caso – facciamo la metà?"

Prima di tutto, anche se le cose fossero davvero così, solo così, si tratterebbe della metà?!

Dovrebbe dire, "Se posso non fatturarti, io guadagno più di te", ma non solo evade, non solo guadagna più di te, non solo è lei a proporlo, ma dichiara che lo fa per tua moglie?!

Torniamo indietro!

Il marito distratto di prima non è davvero distratto ma è stanco, davvero stanco.

Ha appena terminato un viaggio con un autoarticolato; un viaggio di 684 chilometri dove ha incontrato nebbia e anche un po' di ghiaccio.

Il marito distratto aveva anche la diarrea, ma andare in giro per autogrill con la diarrea è più stancante dei 684 chilometri percorsi.

La ditta che lo assunto lo paga 1.382 euro netti al mese e lui si ritiene fortunato, di questi tempi, ad avere un lavoro.

Andare dalla parrucchiera sarebbe un costo insostenibile per uno stipendio del genere, tuttavia una volta all'anno si può fare.

La famiglia in questione ha risparmiato 20 euro solamente e non ne risparmierà altri perché, litigata a parte, passerà un anno ancora prima che la signora torni dalla parrucchiera.

Sì è vero, forse la nostra famiglia risparmierà anche 50 euro di iva (anche se abbiamo capito che non si tratta propriamente di iva), dell'intervento per la lavapiatti e anche una cifra più alta per la sempre presunta iva del dentista!

La nostra famiglia d'esempio, infatti, ha due figli alle elementari e il secondo ha bisogno dell'apparecchio per correggere i denti... Costo 1800 con iva, 1500 senza.

Il marito distratto per la messa in piega è invece attento ai costi e ha capito che così volerà via solo la tredicesima e non anche una parte del mese di gennaio.

Ma etica a parte, è equo?! Cioè, guadagna uguale la generosa parrucchiera e la famiglia?

La famiglia d'esempio nell'anno avrà risparmiato 20 euro della parrucchiera, 50 dell'intervento della lavapiatti e 300 per il dentista.

La parrucchiera avrà risparmiato 20.000 euro di tasse (considerando tutte le clienti ovviamente)... Se ha dei dipendenti, magari in nero, se l'attività è avviata potrebbe aver risparmiato anche 30.000, 40.000 euro, insomma montagne di denaro.

La famiglia media avrebbe risparmiato in un anno 370 euro complessivi senza sapere però che l'anno prossimo le tasse verranno aumentate, almeno a loro che le pagano, di oltre 375 euro all'anno perché c'è chi evade.

Non è che magari dobbiamo cominciare a pagare sempre tutto e opporci a ogni forma di evasione?!

Parliamo solo per la transazione che ci riguarda, solo per quella.

La parrucchiera risparmia 50 euro e tua moglie 20... Almeno non si potrebbe fare 35 euro cadauno?!

È molto più comodo così o forse fino ad oggi non ci abbiamo mai pensato.

Le cose stanno così e se facciamo i conti siamo peggio, molto peggio di quei politici che si appropriano di uno stipendio senza fare nulla.

Come?! Loro guadagnano ventimila euro al mese... La mia famiglia risparmia in un anno 370 euro e io sono messo peggio di prima?! Non capisco!

Allora facciamo ancora due conti, se per nove anni il "carrozzone" della politica continua così, sprechiamo 24 miliardi all'anno, cioè 216, mentre se l'evasione scompare – meglio, se scomparisse, perché purtroppo non avverrà – il risparmio sarebbe di dieci volte tanto.

Quindi è colpa dei politici o nostra?

Ok hai ragione! Io però lo faccio solo se lo fanno tutti gli altri.

Ora hai ragione tu... Ma tutti dicono la stessa cosa e non si parte mai.

Quindi se le cose vanno male è colpa mia? Solo colpa mia?!

No, di certo le cose non stanno così, tuttavia il primo paletto deve essere quello di pensare che ognuno sia obbligato a fare la propria parte.

Il peggiore dei risultati sarebbe quello di avere la coscienza pulita anche per quei 370 euro che solo in sporadici casi davvero cambiano la vita ma non in tutti.

Se mai il colpevole non fosse certamente identificato nel presidente del consiglio, di destra o di sinistra che sia, e se mai un'ombra si posasse sul nostro comportamento da parrucchiera-evasore eccoci a cercare o meglio identificare il colpevole nel vicino di casa.

Vicini di casa

Non si arrabbierà di certo il garbato Luca Carboni se citerò una sua bella canzone:

Io sono troppo bolognese, tu sei troppo napoletano, egli è troppo torinese e voi siete troppo di Bari sì noi siamo troppo orgogliosi, loro sono troppo veneziani e anche dentro la stessa città, siamo sempre troppo lontani! E siamo sempre troppo romani, e si che siamo troppo milanesi e lo vedi anche allo stadio che siamo sempre troppo tesi siamo tifosi poco sportivi perché siamo troppo fiorentini e la polizia controlla che non stiamo troppo vicini! E allora son troppo bolognese, tu sei troppo cagliaritano sventoliamo troppe bandiere, col bastone nella mano e diventiamo troppo violenti, e se non ci spacchiamo i denti comunque ci promettiamo in coro che ci romperemo il culo! E io sono troppo emiliano, tu sei troppo siciliano, egli è troppo calabrese, e voi troppo molisani e noi siamo troppo chiusi, loro son troppo altoatesini e anche se è caduto il muro, abbiamo sempre troppi confini!... E poi eravamo troppo fascisti e anche troppo menefreghisti, allora giù botte coi manganelli comunque non eravamo troppo fratelli poi diventammo troppo comunisti, e anche troppo democristiani e sì che il tempo passa ma siamo ancora troppo italiani!... Sì che eravamo troppo fascisti oppure troppo menefreghisti e allora giù botte coi manganelli non eravamo troppo fratelli poi diventammo troppo comunisti e anche troppo democristiani e sì che il tempo passa siamo ancora troppo italiani!

Bella canzone ma perché citarla?

Perché la colpa è sempre di qualcun altro non certo nostra… La responsabilità è del nostro vicino di casa.

Bé, vicino di casa, naturalmente si fa per dire… Magari un po' più in là per sicurezza… Diciamo che noi del nord diamo la colpa a voi del sud!… No, noi del sud diamo la colpa a voi del nord.

No, noi dell'Emilia Romagna diamo la colpa a voi del veneto… No, io della Basilicata incolpo te della Calabria.

Anche in questo caso, se vogliamo prendere a campione fenomeni verificatisi negli ultimi tempi possiamo parlare serenamente, si fa per dire, di ogni singola regione.

Corruzione, malasanità, conferimento di consulenze inesistenti, non necessarie o in violazione di norme, frodi di grave imprudenza nella stipulazione di contratti di finanza derivata senza averne bisogno e un seppur minimo approfondimento, abusi nella gestione del personale, a volte pure con relazione di parentela o di sesso, grave responsabilità nell'istruttoria in materia di contravvenzioni, abusi generici, peculato generico e specifico, indebito rimborso, omessa riscossione di tasse solo per pigrizia e quanto altro possa venire in mente.

Di certo la fantasia non manca.

Ci siamo commossi davanti al tremendo terremoto d'Abruzzo con i bambini senza casa che giocavano su un prato, in attesa di sapere quale fosse il nuovo letto dove dormire.

La notizia appena ascoltata ci ha commosso: "Più di centocinquanta morti e circa duecentocinquanta i dispersi: questo il bilancio ancora provvisorio del terremoto che nella notte tra domenica e lunedì ha colpito l'Abruzzo. Anche la Protezione civile, che in un crescendo durato tutta la giornata ha dovuto via via ritoccare quello che assomiglia sempre di più a un bollettino di guerra, ha confermato queste stime. Al termine della giornata di lunedì erano 100 le persone estratte vive dalle macerie degli edifici, mentre i morti identificati erano 98, secondo le fonti dei soccorritori. Le prime notizie all'alba parlavano di una quindicina di persone decedute. Ma è stato subito chiaro che il numero era destinato a crescere con il passare delle ore e con la rimozione delle macerie sotto cui sono rimaste sepolte centinaia di persone sorprese nel sonno."

Siamo commossi, poveri bambini, ma ci è passata subito la commozione, dovevamo pensare al nostro nuovo telefonino, alla scusa da inventare per recarci dall'amante e a tante altre cose inutili.

Quando abbiamo pensato nuovamente al terremoto eravamo già nella fase due: in quel momento abbiamo pensato che ognuno si deve dare una mossa e non possono pensare che lo Stato li debba aiutare… Perché non siamo noi i coinvolti.

Normalmente la persona "media" pensa: se io non avessi un aiuto dallo Stato mi darei una mossa. La verità è che se ognuno di noi si trovasse in tale situazione si sentirebbe tradito da tutti.

Comunque sia, in Abruzzo si è aperta una inchiesta, varie inchieste e la regione è rimasta con la coscienza sporca.

Troviamo ancora "vertenze riguardanti l'avvenuto terremoto del 2009". Oggetto di tali vertenze: contributi pubblici elargiti a seguito del sisma, problematiche scaturite dalla realizzazione dei M.A.B. (Moduli Abitativi Provvisori), irregolarità nei puntellamenti di numerosi edifici ritenuti pericolanti, sentenze penali riguardanti fatti dai quali potrebbero derivare danni erariali o danni all'immagine della P.A.

Non solo. Gli sprechi abruzzesi, infatti, rispondono anche ad una pesante politica clientelare: sono state rilevate "cattive gestioni nello svolgimento di contratti pubblici e nella realizzazione di lavori pubblici in modo precario e incompleto". Spesso, addirittura, le imprese affidatarie sono state scelte senza il ricorso a pubbliche selezioni, necessarie per ottenere prezzi più convenienti: "in definitiva", scrivono i magistrati, si favoriscono quelle aziende "che possono contare su un sistema di amicizie interne all'amministrazione e riescono a ottenere favorevoli contratti".

Ma il clientelismo è evidente anche nelle tante e tante pratiche di archiviazione per contenziosi amministrativi da parte degli enti locali, spesso "prive di motivazione, nonostante l'oggettività dell'illecito accertata dagli organi di polizia (in particolare in materia sanitaria)". Questa rete, addirittura, arriva a toccare anche le piccole multe stradali. Abbondano infatti vicende legate alla mancata riscossione di contravvenzioni al codice della strada da parte di diversi comuni. Il motivo? Capita, scrivono i giudici, che "sono cancellate contravvenzioni legittimamente elevate solo sulla base di amicizie personali di amministratori e/o dipendenti degli uffici di polizia municipale".

Non è tutto, la giunta, il vice sindaco viene indagato perché pare che durante la ricostruzione i moduli abitativi, le casette per intenderci, siano stati oggetto di corruzione.

Vergogna! Tremenda vergogna!

Il sindaco non c'entra, almeno così dicono, si dimette ma poi a sorpresa si presenta ed esterna:
«Ripartiamo con orgoglio e senso di responsabilità. Si apre una fase completamente nuova». Massimo Cialente ha ritirato le dimissioni da sindaco dell'Aquila. La decisione, già nell'aria da giorni, ora è ufficiale. Tuttavia, per

evitare che qualcuno dica che ama scherzare e prendersi gioco della città aggiunge: che si fa, resto? Vado? Faccio il Sindaco di Milano?! Il mago d'Austria?! La cosa ci indigna, da noi non sarebbe mai successo! O no?! Dopo vediamo... Intanto il sindaco fine modulo Cialente ha accompagnato l'annuncio con i fuochi d'artificio. Giunta rinnovata con l'ingresso in qualità di vice sindaco di un super consulente, Nicola Trifuoggi, già procuratore della Repubblica a L'Aquila e Pescara. All'ex magistrato in pensione, uno dei pretori che nel 1984 oscurarono le tv Fininvest e protagonista dell'inchiesta costata nel 2008 gli arresti all'ex governatore abruzzese Ottaviano Del Turco, il sindaco ha affidato la delega alla trasparenza e alla legalità oltre che alla centrale unica di committenza per tutti gli appalti. Lavorerà gratis per restituire dignità all'immagine dell'Aquila e per «scovare eventuali errori ed evitare che si ripetano».

«Lo faccio – ha sottolineato Trifuoggi – perché penso all'onestà di questa amministrazione e perché L'Aquila è una città di persone perbene e non di speculatori come è stata rappresentata». L'obiettivo è far partire un nuovo percorso che vada in due direzioni: maggiori controlli nella ricostruzione privata (serve ancora un miliardo di euro l'anno per cinque anni solo per il cuore della città) e maggiore sostegno alle prospettive di rinascita della città. Annunciato anche un giro di consultazioni (saranno ascoltate le forze sociali, l'università, i sindaci del «cratere») e l'incontro con il ministro dell'Economia, Fabrizio Saccomanni.

Non abbiamo capito bene: si è dimesso e poi torna dicendo che servono più controlli, ma prima chi li doveva fare?

Sì, ma la regione abruzzese è un caso isolato, noi siamo di un altro posto, da noi non succede nulla.

Mi scusi, lei da dove viene per esempio? Io sono dell'Emilia Romagna! Lo dico con orgoglio perché da noi non succede nulla, non si spreca!

Bravi emiliani, bravi romagnoli.

Prendiamo solo, per fare un esempio qualsiasi, il simbolo dello sperpero nella regione "rossa": l'immobile acquistato dall'Inail a Casalecchio di Reno "a prezzo ipervalutato" e rimasto inutilizzato: danno per oltre tre milioni di euro.

Ma è solo una distrazione... Dai, anche tu cosa dici?! Uno compra un palazzo, lo paga di più, lo lascia lì a fare la muffa, ma nulla di più...

È andata così?! Dai racconta, io sono di questa regione vorrei essere sicuro, tranquillo... Queste cose da noi non succedono ...

A dire il vero la faccenda contiene tutti gli ingredienti necessari per indignarsi, abbondano infatti i più classici degli illeciti: ammanco contabile, assenteismo e danno all'immagine da reato. Il tutto, ovviamente, soprattutto in relazione alle pubbliche amministrazioni. Basti pensare, ad esempio, agli accertamenti sulle spese dei gruppi politici presso il consiglio regionale, con particolare riferimento al rimborso dei costi delle interviste rilasciate ad organi di stampa o agenzie televisive... Le famose comparsate...

Vengono pagati da un canale televisivo per andare in televisione a dire quanto sono bravi e chiedono il rimborso alla regione!

Sono emiliani?! Sono romagnoli? Ma è incredibile.

La canzone di Luca Carboni incalza, insiste... Io sono troppo bolognese, io non lo farei mai... Forse perché non sarò mai in regione o mai in televisione...

Lasciamo stare i molteplici casi di cumulo di incarichi accertati presso le Università di Bologna e di Parma.

Loro riuscivano a essere presenti contemporaneamente da tutte le parti, ma si sa, chi è di questa regione ha doti particolari.

Io però non sono né abruzzese né romagnolo o emiliano, perché anche tra loro c'è rivalità, e questa volta mi arrabbio davvero.

Io voglio l'indipendenza per la mia regione. Sì è giusto, noi poi siamo gente di confine, siamo friulani, da noi certe cose non succedono, vogliamo stare senza Emilia Romagna, senza Abruzzo.

Va bene, forse si può fare, ma del museo fantasma cosa mi sai dire?

Quale museo?! Abbiamo un museo?!

Tempo fa la regione Friuli finanziò per ben 600 mila euro la Fondazione Fratelli Alinari di Firenze per l'allestimento di un museo multimediale a Trieste. Peccato però che non sia mai stato realizzato.

I soldi dove sono? Chi li ha presi? Un romagnolo, un emiliano o un abruzzese?!

Tanti poi i casi di sprechi dovuti alla cattiva politica. Nel rapporto si menzionano, ad esempio, tre consulenze – una di circa 185 mila euro, una di circa 149 mila e l'ultima di circa 183 mila – disposte dall'Agenzia regionale per lo sviluppo del turismo Friuli Venezia Giulia ad associazioni fittizie che non ne avevano diritto.

In Friuli? Ma guarda che strano... Poi io non sono proprio di qui... Magari la mia origine viene da un'altra regione.

C'è altro?!

Da evidenziare infine una sentenza di condanna che ha riguardato l'ex Presidente della provincia di Udine, Marzio Strassoldo per il danno d'immagine di circa 150 mila euro derivato da un accordo elettorale, oggetto di procedimento penale, stipulato con Italo Tavoschi, vice

Sindaco del comune di Udine, per ottenere voti in occasione del rinnovo delle cariche politiche della Provincia, con corrispondente promessa di incarico dirigenziale. Ahi, ahi, ahi... Il Friuli, il buon Friuli si è sporcato, ma ci sono tante regioni.

C'è da dire qualcosa su noi liguri?! Nulla... Al limite siamo tirchi, o meglio parsimoniosi, ma certo sulla nostra regione non si può dire nulla.

Vabbè lasciamo stare il caso singolo di quel professore con novantuno cliniche e la pinza lasciata nel corpo... Dai, se lavori in novantuno cliniche capita, sei un pochino stanco.

Ma quel danno patrimoniale, danno al bene culturale, danno ambientale, danno da disservizio?

Di cosa stiamo parlando? In Liguria?!

I danni sarebbero contestati dalla Corte al comune di Genova per la realizzazione di un parcheggio urbano sopra un giardino pubblico del XVI secolo che era stato dichiarato "di importante interesse" e quindi sottoposto a vincolo storico-paesaggistico.

Sì, ma sai, guadagnavamo qualcosina...

Una serie di vertenze poi riguardano l'assenteismo universitario da parte di alcuni professori universitari, responsabili soprattutto dell'esercizio di attività, incompatibili con l'ufficio pubblico.

Ma perbacco, in Liguria non l'avrei detto... Chi era quel chirurgo indaffarato?!

Mario Baldini. Lo conosci?!

Ma io non sono proprio ligure...

Il Professore era già peraltro coinvolto in un processo penale, pur "astrattamente" insegnando alla facoltà di Medicina di Genova con incarico a tempo pieno, in realtà operava privatamente in ben 91 cliniche italiane, come ho accennato, prima tra tutte la clinica degli orrori lombarda Santa Rita.

Nel capitolo costi della politica, spicca il caso del consigliere provinciale che si fa assumere fittiziamente come dirigente presso un'azienda privata, al solo scopo di ottenere fraudolentemente, da parte dell'Ente locale, il rimborso di quanto corrisposto dal datore di lavoro a titolo di retribuzioni e assicurazioni per le ore o giornate di assenza dal lavoro, così da potere assolvere le funzioni connesse al mandato elettivo. Danno: 44 mila euro.

Bé dai, in questo caso si è tenuto basso. Come poteva mai essere in 91 cliniche?

Per fortuna che io vengo dalle Marche.

Nelle Marche non succede nulla… Quasi nulla… Noi marchigiani… Bé, Bé qualcosina magari … nelle Marche si rasenta l'assurdo. Tra i tanti episodi di danno pubblico con implicazioni penali, spicca il caso della docente di scuola materna che si appropriava illecitamente di generi alimentari destinati al pasto dei bambini della scuola, sottraendoli dal carrello della distribuzione.

È come dire che la brava maestrina, con i suoi occhialetti, osserva e poi deruba il bimbo della girella che ha portato per la merenda.

Siamo però vicini al mare e possiamo rilasciare patenti nautiche false, come un nostro conterraneo sottotenente di vascello della Capitaneria di Porto di Ancona, dietro indebito compenso.

Potremmo, ma non vorremmo, anche notare irregolarità riscontrate nell'acquisto di un farmaco a prezzo intero anziché con l'applicazione dello sconto previsto dall'AIFA.

E le opere?! No, non artistiche… Opere utilizzate… No, mi correggo… Le opere si fanno, ma non si utilizzano, altrimenti dove sarebbe lo spreco?!

Nelle Marche troviamo giustamente, sempre ingiustamente dovrei dire, un'opera pubblica mai utilizzata a causa della mancata agibilità nel complesso geriatrico Nuovo Pensionato Tambroni di proprietà dell'Istituto Nazionale ricerca e Cura anziani, a causa di gravi difetti di costruzione, accertati mediante consulenze tecniche, con danno stimato di tre o quattro milioni di euro.

Vabbè, ma ci saranno regioni dove non succede nulla, no?! Io vado lì e dico, "Io sono di questa regione", così posso affermare che a casa mia non succede nulla... Che sono gli altri.

Sì, è una buona idea, vado in Basilicata!

Salve, sono un cittadino lucano... Ehm... Ehm... Qui, sussurro, non accade nulla d'irregolare?

No, noi lucani siamo uguali agli altri!

Vista l'amarezza che ci lascia in bocca, potremmo parlare di "amaro lucano".

Bravi e cosa facciamo di bello?!

Di bello tante cose ma anche del brutto non possiamo lamentarci.

Tra i casi ricordati, spicca quello relativo al "danno indiretto" di cui si è reso colpevole un ginecologo dell'ospedale di Potenza, per aver causato la morte di una neonata ritardando il parto cesareo. Motivo? Era terminato il turno.

Sai com'è, dovevo andare a casa, magari in palestra... Non ricordo... Non so, il turno però era finito...

Vogliamo raccontare un piccolo episodio dove emerge il grave "danno all'immagine della P.A." per detenzione abusiva di armi, munizioni e sostanze stupefacenti da parte di un cancelliere di Tribunale?

No, lasciamo stare, andiamo in un'altra regione. Forse non conviene già più dire se è meglio essere di una regione oppure dell'altra perché capita in ogni posto.

Potremmo fermarci con l'elenco, ma per equità continuiamo.

In regione Lazio, il lavoro per la Corte dei Conti laziale è stato generosamente attivo.

Tra le iniziative ricordiamo la vertenza sui lavori di costruzione della linea C della rete metropolitana di Roma, per condotte illecite in danno della finanza pubblica nazionale e per violazione del regolamento comunitario e delle condizioni contrattuali stipulate con le Autorità di Governo... Uhm, questa è complicata... Forse irrisolvibile, andiamo pure oltre. C'è poi la vicenda, al sapore di pesto genovese, che desta più scalpore: sentenza definitiva in merito ai fatti avvenuti durante le manifestazioni del G8 di Genova, nel 2001 alla scuola Diaz. Scrivono i magistrati: "La Procura della Corte dei conti per il Lazio procede ora per l'accertamento delle responsabilità in ordine alla ipotesi di possibile danno erariale e all'immagine subita dall'Amministrazione per gli interni"; non è chiaro se la dobbiamo considerare per la Liguria o per il Lazio, ma va considerata!

Umbria? Prego si accomodi.

Stupisce, ma forse anche no, che la maggior parte delle questioni siano nate, in una regione rossa, per i costi della casta, per gli sprechi e gli sperperi della classe politica. Uso improprio dell'auto di servizio; spese eccessive per trasferte e missioni; rimborsi gonfiati per i costi di carburante; viaggio di piacere della durata di 15 giorni in Sud America di amministratori e funzionari provinciali sotto forma di viaggio istituzionale.

Bé dai, un po' di vacanza cosa vuoi che sia?!

Aumento complessivo annuo dei gettoni di presenza da parte di consiglieri comunali a seguito dell'aumento delle sedute; trasferimento presso la segreteria del sindaco del comune di Perugia di un dipendente impiegato presso un'azienda regionale, inquadrato in una categoria superiore rispetto a quella posseduta.

E tante, tante, tante altre cose! La regione calabrese non vuole restare indietro e si allinea con truffe, sottrazioni e altre questioni simili.

Come non ricordare, ad esempio, la sottrazione di oltre 250 mila euro pubblici da parte di un consigliere regionale; oppure il caso di concussione che ha visto due sottufficiali della Guardia di Finanza richiedere soldi ad un imprenditore per regolarizzarne la posizione tributaria.

Danno pari a 50 mila euro, come aperitivo.

Poi proseguiamo con indebita erogazione e percezione di assegni sociali erogati dall'INPS (per un danno di oltre 350 mila euro); erroneo tariffario da parte di alcune ASL calabresi per prestazioni specialistiche e di laboratorio.

Eh sì, perché l'esame dei trigliceridi pagato 2,51 euro anziché 1,29; le transaminasi pagate 1,91 euro anziché 1,14. Per un'analisi relativa a un caso di epatite si passa dai 5,53 euro del tariffario "ufficiale" ai 15, 53 euro richiesti in Calabria.

Dagli illeciti pagamenti di TFR da parte di un dipendente INPS con danno di oltre 368 mila euro, per arrivare al dolce con ammanco di oltre un milione di euro nei conti della provincia di Vibo Valentia.

Non vogliamo dimenticare la Lombardia!

Anche per quanto riguarda la regione lombarda è difficile scegliere solo qualche esempio senza fare dei torti, data l'importanza degli sprechi relativi alla mala gestio della cosa pubblica. Basti pensare che sarebbero "vari" i carabinieri coinvolti, anche separatamente, in tanti fatti delittuosi: spaccio di stupefacenti, peculato, corruzione, concussione, falso in atti pubblici.

I danni sono molti, troppi.

Molti casi di frode come a Pavia presso l'Asl, dove alcuni dipendenti hanno inserito abusivamente nominativi di persone "amiche" per far loro ricevere l'assegno di invalidità (frodando, dunque, l'Inps per 500 mila euro).

Forte eh?!

Spicca poi il caso del giro di mazzette nelle camere mortuarie dei nosocomi milanesi ad opera degli infermieri addetti e degli operatori delle imprese di servizi funebri, consistente nella "spartizione del mercato delle salme attraverso la compiacente e retribuita collaborazione dei dipendenti dell'Ospedale (pagati per ogni segnalazione effettuata ovvero incaricati della vestizione delle salme)."

Anche questa non è male, vero?!

Tanti poi i casi di assenteismo (soprattutto nel comune di Milano) che hanno comportato un danno di oltre 78 milioni di euro. Come? A Milano?! Assenteisti a Milano?!

Numerosi anche i casi di affidamento di appalti senza pubblica gara. "Un ente locale", ricorda ad esempio la Corte dei Conti, "ha affidato lavori di manutenzione di un centro sportivo senza gara, del servizio di gestione della piscina comunale e dei servizi di natura commerciale collegati": l'importo del danno è stato quantificato complessivamente in 79 mila euro.

Ohilà, eccoci in Campania. Alcuni milioncini, circa 12, di euro ovviamente, per gli onerosi e illogici finanziamenti "versati dalla provincia di Caserta alla società partecipata della stessa provincia e da numerosi comuni, che gestisce il trasporto pubblico locale". Ancora, l' irregolare gestione di numerosi contratti di fitto passivo stipulati dal comune di Napoli per altri sei o sette milioni.

Per lo stesso motivo, anche la provincia partenopea è responsabile di un milione di euro di danno. Esistono anche consulenze inutili con una società partecipata: danno per un milione e mezzo di euro.

In questo mare magnum di sprechi non si salva nemmeno la Regione, che ha fatto andare in prescrizione numerosi verbali di contravvenzioni in materia ambientale (mancato funzionamento di depuratori), non riscuotendo introiti per 12 milioni di euro.

Vabbè, chi non si dimentica qualcosa?!

A questi si aggiungono altri quaranta e oltre milioni di euro: a tanto ammonterebbe il danno erariale, infatti, per la cattiva gestione di bonifica di siti inquinati e di stoccaggio nel litorale Domizio Flegreo e Agro Aversano.

Il Molise è piccoletto, ma sa farsi valere!

La regione molisana, in quanto a sprechi e cattiva politica, sa il fatto suo. Basti pensare al comune di Isernia e al mancato rispetto del patto di stabilità interno, cosa che – scrivono i magistrati – ha portato ad "accertamenti istruttori finalizzati al riscontro della sussistenza di ipotesi di responsabilità in capo agli amministratori e ai funzionari del comune". Magari sono solo ipotesi!

Vogliamo parlare di un'anomala e del tutto informale procedura selettiva per la concessione a privati di aree pubbliche per la realizzazione di parchi eolici? No, andiamo pure avanti, perché dovremmo dire che si è scelto chi faceva le condizioni peggiori.

La vicenda molisana più eclatante è quella relativa al famoso Termoli Jet che doveva coprire la tratta nautica Molise-Croazia. Per svariati motivi, la società mista creata ad hoc non ha, di fatto, mai esercitato l'attività in vista della quale era stata costituita. Hanno ragione… Cosa andavamo a fare in Croazia?! Si sta così bene in Molise!

Il danno è valutabile in un importo pari al complessivo costo sopportato dalla regione per l'operazione, ossia a oltre sei milioni di euro.

E il Piemonte, culla degli ex regnanti? Oltre all'ormai arcinota vicenda del comune di Alessandria (falsificazione del rendiconto 2010), spicca l'indagine nei confronti del presidente dell'associazione Premio Grinzane Cavour e di altri complici, responsabili della "illecita sottrazione di fondi pubblici regionali destinati al settore cultura e spettacolo, nonché nei confronti di amministratori pubblici per omissioni inerenti all'attività di controllo."

È giusto: metti che il premio sia vinto da uno al Sud... Meglio trafugare i soldi del premio!

Danno accertato: oltre sette milioni di euro!

Ah però... Bel premio. Anche qui abbondano i casi di mala sanità costati economicamente alle casse dello Stato: basti pensare alle 36 case di cura private che hanno programmato la dimissione di pazienti in modo fraudolento e tale da "consentire un rimborso maggiore di quello consentito dalla tariffa in ipotesi di regolare andamento dei ricoveri". Ma prendiamo pure a calci questi pazienti.

Circa otto milioni di euro il danno, se non vogliamo considerare quelli morali.

E l'accogliente Puglia?!

In Puglia abbondano, così pare dagli atti, irregolarità commesse presso le Agenzie fiscali, soprattutto in tema di rimborsi indebiti e crediti fittizi di IVA, nonché presso le Aziende Sanitarie. Fa rimanere perplessi il fatto che sono dieci, sempre pare, i fascicoli di vertenze (tutti, però, ancora in fase istruttoria) aperti per danno ambientale (inquinamento del mare e delle falde acquifere, inefficace realizzazione di interventi di bonifica, discariche abusive e incontrollate). Non pochi, nella regione governata da un ambientalista.

Facciamo un salto in Sardegna e troviamo la casta a fare da dominus. I corruttori e i corrotti non sono pochi. I tanti casi in cui si affidano lavori a imprese compiacenti, da cui poi si ottiene "in cambio, la realizzazione di opere nella propria abitazione e altre utilità"; o quelli in cui, per la ristrutturazione e l'ampliamento di un Centro Congressi, l'ingegnere capo e il responsabile dei procedimenti, anch'essi compiacenti nei confronti di alcune ditte private, sono stati "remunerati" con la cessione di un attico di proprietà delle ditte medesime e, come se non bastasse, anche col pagamento di un corrispettivo pari a un diciassettesimo del valore commerciale dell'immobile.

Un diciassettesimo?! Non porta neppure fortuna... Forse per questo si è saputo.

Senza dimenticare, ancora, le indagini sull'illecito utilizzo di fondi erogati ai gruppi consiliari del Consiglio regionale da parte di alcuni consiglieri "che li hanno destinati a finalità personali o, comunque, a scopi completamente estranei a quelli consentiti"; infine il clamoroso caso che ha comportato per la regione un danno di 605 mila euro: una società cooperativa per la realizzazione di una struttura destinata allo svolgimento di attività imprenditoriale diretta a offrire servizi a persone anziane non autosufficienti e a malati terminali, aveva ricevuto finanziamenti pubblici (appunto dalla regione) che poi però aveva distratto dal fine pubblico per destinarli a spese definite "di rappresentanza", ma in realtà riferibili a esclusivo beneficio personale degli amministratori.

Fermi, fermi, fermi!

Si è speculato su servizi a persone anziane non autosufficienti e a malati terminali?

È possibile, per piacere, punirli davvero?!

Nella deliziosa Sicilia, potremmo riassumere: terra di consulenti, tanto per rimanere sul vago. Non potrebbe essere altrimenti, d'altronde, se il comune di Palermo cade in un illegittimo affidamento di undici incarichi di natura tecnica a privati professionisti, nonostante l'organico comunale consentisse il ricorso all'organico interno. Le nomine di consulenti, spesso generose, vengono contestate anche alla Regione e alla sua ex giunta, nei confronti della quale non si contano gli accertamenti aperti. L'ex governatore è soggetto anche a un'altra vertenza, derivante dalla rivelazione di segreti d'ufficio "con l'aggravante" – dicono i magistrati – "di avere favorito gli interessi della criminalità mafiosa". Incredibile, magari, come direbbe lo scrittore Camilleri, anche il danno erariale a cui è chiamato il comune palermitano: la precedente giunta aveva affidato servizio di vigilanza nei mercatini della città, con un esborso di oltre 336 mila euro, a favore di sette associazioni di servizio che avevano presentato un unico progetto "fotocopia".

La culla della lingua italiana, la regione Toscana, si esprime in "Indebite erogazioni a pioggia". Attenzione che questo fenomeno tocca anche il comune guidato dal rampante Matteo Renzi. Nella sola Firenze infatti, nel periodo dal 2000 al 2008, si sarebbero prodotti danni per circa 50 milioni di euro.

A difesa si dirà: allora Renzi non c'entra. Ma attenzione. "Risulta che le medesime situazioni dannose, nonostante i rilievi della RGS, si sono protratte sino all'attualità: sono in corso ulteriori approfondimenti a mezzo G.d.F., tesi, soprattutto, a identificare i singoli apporti causali e a quantificare gli ulteriori danni". Insomma, pare che anche il presente segua la stessa strada del passato. Come detto, però, tali elargizioni sconsiderate sembrano essere un tratto peculiare di tutta la Toscana. "Fattispecie sostanzialmente analoghe, pur con qualche specificità, sono state segnalate (e sono in corso accertamenti istruttori) alla Provincia di Firenze, a Grosseto, a Livorno, in altre città minori: trattasi evidentemente di un fenomeno che si è diffuso e radicato e al quale non sono estranei i sindacati locali". Anche la Corte, insomma, è dello stesso parere.

Chi manca?

Non se ne abbia a male il caro Veneto se è rimasto ultimo.

Recupererà di certo, forsanche facendo sorridere.

Sembrerebbe una storiella comica, ma è vera: le persone, abitanti e turisti, scivolano sul ponte nuovo di Venezia e il comune paga. Il danno erariale è di circa 3 milioni e mezzo di euro. La vicenda riguarda il Ponte della Costituzione a Venezia: pavimento troppo scivoloso, troppi infortuni, tante denunce, tutte pagate a caro prezzo dal comune. Tanti poi i contratti stipulati con aziende che di lì a poco sarebbero fallite. È il caso, ad esempio, dell'appalto dei lavori per la realizzazione del nuovo palazzo del cinema al Lido di Venezia: l'opera è stata abbandonata poco dopo la scoperta di rifiuti di amianto stoccati nel sottosuolo. Eppure i finanziamenti sono stati erogati: 38 milioni di euro in fumo. Un altro ingente danno erariale è legato al fallimento della compagnia aerea low cost Myair fallita nel 2010 ma finanziata poco prima per 18,5 milioni di euro.

Ma non è finita qui. Un'istruttoria è stata aperta per i reati di truffa, corruzione e concussione contestati ad alcuni primari degli Ospedali di Padova, Vicenza e Dolo, che avrebbero "perfezionato accordi truffaldini con l'Acustica veneta, la quale, a fronte di prescrizioni di protesi, corrispondeva loro tangibili omaggi"; un'altra ha toccato ben 22 poliziotti della Questura di Rovigo condannati in primo grado dal Giudice penale per truffa, falso ideologico, abbandono del posto di lavoro perché – addirittura – dormivano durante i turni di servizio; un'altra ancora è stata aperta nei confronti di insegnanti di un corso serale per extracomunitari i quali percepivano stipendi per un intero anno scolastico a fronte di prestazioni non rese "per assenza di discenti". Clamorosa anche la vicenda del poliziotto che vendeva su Ebay materiale informatico della Questura. Danno: 15 mila euro. Infine ricordiamo l'atto di citazione per danno all'immagine e da disservizio – pari a 50 mila euro – a seguito della sentenza penale di condanna per concussione per due poliziotti della questura di Verona che avevano violentato in caserma una prostituta extracomunitaria.

Ora, detto tutto questo, possiamo lasciare il campanilismo: tutte le regioni sono uguali.

Allora se la colpa è di tutti in realtà non è di nessuno.

È come trovarsi in un night club per scambisti: se incontri il tuo collega di lavoro non ti devi vergognare perché è vero che ci sei tu ma c'è anche lui… E poi quella non è sua moglie, come peraltro quella che è con te non è tua moglie… Dunque ognuno paga una escort e poi ci si scambia le escort?! Mi sa che non torna… Peggio se però al night club, mano nella mano con la escort, incontro mia moglie con un ragazzo "marchettaro": ma che squallore, che miseria d'animo e di coscienza… Bé tutto quello appena letto sulle regioni è di gran lunga peggio, ma lascia aperte tutte le porte.

Di chi è la colpa?

Chi è il vero colpevole?

Abbiamo grandi verità lasciate da grandi poeti come l'immenso Giorgio Gaber:

Tutti noi ce la prendiamo con la storia ma io dico che la colpa è nostra È evidente che la gente è poco seria quando parla di sinistra o destra.

Ma cos'è la destra cos'è la sinistra…
Ma cos'è la destra cos'è la sinistra…

Non è proprio colpa dei politici… Almeno non tutta, non è tutta colpa nostra e nemmeno del vicino di casa ma allora chi è il vero colpevole?

Vuoi vedere che è lo spread?!

Ci siamo arrabbiati con i politici, la parrucchiera, i nostri comportamenti e poi la crisi è colpa dello spread?!

Sappiamo però cos'è lo spread?

Non sono sicuro; ho sentito ripetere tante volte il termine, anzi pensavo si scrivesse spred senza "a"… Forse con due e? Non so cosa sia e neppure come si scrive.

Il termine spread può essere inteso come credit spread che denota il differenziale tra il tasso di rendimento di un' obbligazione e quello di un altro titolo preso a riferimento. In questo caso, ad esempio, se un BTP con una certa scadenza ha un rendimento del 7% e la corrispettiva Bundesanleihe tedesca con la stessa scadenza ha un rendimento del 3%, allora lo spread sarà di 7 − 3 = 4 punti percentuali, ovvero 400 punti base.

Ma a me cosa frega?! Non ho BTP, non ho il titolo "crucco"... Non sono a posto?!

Non ho capito perché non ho lavoro!

Il rendimento atteso o richiesto (e alla fine offerto) può salire o scendere in funzione del grado di fiducia degli investitori/creditori, a sua volta misurabile attraverso eventuali squilibri tra domanda e offerta: se l'offerta è superiore alla domanda, il rendimento atteso aumenta per tentare di riequilibrare la domanda e viceversa.

Sì, grazie ma non ho capito perché non ho il lavoro!

Come conseguenza, lo spread diventa dunque indirettamente, allo stesso tempo e in maniera del tutto equivalente causa di altre cose che insieme vedremo.

Diventa una misura del rischio finanziario associato all'investimento nei titoli, cioè nel recupero del credito da parte del creditore, essendo rischio e rendimento strettamente legati da relazione di proporzionalità: quanto maggiore è lo spread, tanto maggiore è il rischio connesso all'acquisto di titoli.

La prima spiegazione: ma non ho crediti, non ho soldi per l'investimento e comunque non ho ancora lavoro.

Quindi questo caso non mi riguarda vorrei solo sapere perché non ho lavoro.

Il secondo caso si riferisce ad una misura dell'eventuale guadagno finanziario nell'acquisto di titoli rispetto a quelli di riferimento, a prezzo del corrispettivo rischio e a meno della possibile insolvenza.

Ho capito di essere monotono ma anche questa cosa non c'entra nulla.

Non avendo soldi, non ho titoli e non me ne frega nulla se rendono ma hanno un rischio, io non ho nulla. Mi dici cosa c'entra lo spread con il lavoro?! Se non fossi un signore direi: spred di merd sempre lasciando stare le "a", seppur in posizioni differenti.

Lo spread indica una misura indiretta dell'affidabilità, che poi sarebbe il rating dell'emittente o debitore (ad esempio lo Stato) di restituire il credito e quindi del rischio insolvenza: maggiore è lo spread, minore è tale affidabilità e maggiore è il rischio insolvenza.

Ma cosa m'interessa? Io ho comprato l'automobile a rating… Ora non ho il lavoro e se lo stato è insolvente penso non sia colpa dello spread.

Qualcosa comincio a capire, lo spread è come dire la febbre… Ma se hai la febbre la colpa non è della febbre stessa… È una misura del tuo stato di salute.

Fino ad ora hanno detto che è colpa della febbre allora?

Sì, hai ragione lo spread indica lo stato di salute della Nazione è quindi anche una misura della fiducia degli investitori nell'acquisto dei titoli: maggiore è lo spread minore è tale fiducia, oppure una misura della capacità dell'emittente di promuovere a buon fine le proprie attività finanziarie (nel caso dello Stato di rifinanziare il proprio debito pubblico tramite emissione di nuovi titoli obbligazionari): maggiore è lo spread, minore è questa capacità in virtù dei tassi d'interesse.

Spread elevatissimi possono condurre nel medio-lungo termine alla dichiarazione di insolvenza o fallimento dello Stato.

Va bene, basta ho capito! Però non siamo arrivati da nessuna parte se hai la febbre altissima e non è colpa della febbre… Forse hai dormito nudo d'inverno sul terrazzo e allora hai la febbre perché sei stupido, quindi la colpa non è dello spread. Questo l'abbiamo capito e l'abbiamo escluso.

Ma allora perché abbiamo ascoltato mille telegiornali che ci hanno ipnotizzato: è colpa dello spread, è colpa dello spread, è colpa...

E quindi di chi è la colpa?

Dunque abbiamo detto che la politica ha le sue colpe ma non è determinante, che addirittura in parte ricrea occupazione anche tramite l'indotto, che la parrucchiera ha delle colpe tanto quanto noi e non è importante se è friulana o calabrese... Infine che lo spread è solo una misura per sapere se abbiamo o no le febbre... Ma allora di chi è la colpa?

Per scoprire insieme la verità dobbiamo fare un passo indietro arrivando addirittura a domandarci perché sia nata la società di cui facciamo parte.

Non ci fosse questa società come faremmo? Un contadino metterebbe al mondo molti figli pensando che quando diventerà vecchio potrebbe essere accudito da loro per riconoscenza, una sorte di pensione.

Un anno che il raccolto andasse male vivrebbe di stenti ma solo fino all'anno successivo, sperando nella clemenza del tempo.

Per quanto riguarda un'eventuale, certamente non auspicabile, malattia si affiderebbe al buon Dio.

Con la società non c'è stato il minimo miglioramento, anzi.

Se un anno va male l'anno dopo non può migliorare di colpo, la pensione non è sicura e se uno si ammala deve sempre sperare nel buon Dio.

Se mai c'è la fortuna di riuscire a mettere da parte qualcosa, si ha sempre paura, come allora, che il ricco signore del feudo confischi quanto risparmiato.

Allora abbiamo fatto tutto per niente?!

Sì, direi di proprio che è andata così!

Oggi oltre ad non avere nulla abbiamo addirittura dei debiti, dei debiti da lasciare a chi verrà, della spazzatura in eredità ai nostri figli… Inquinamento, rischi nucleari e quante più cose negative che irragionevolmente abbiamo messo da parte.

Non abbiamo ancora scoperto di cosa è frutto la crisi, allora ci conviene semplificare e focalizzarci sul bilancio dello stato.

Lo stato ha tre macro entrate: tributarie per 460 miliardi di euro extra tributarie per 64 miliardi di euro e "altre", come in tutte le cose abbiamo anche qui questa voce, per 1,5 miliardi… Totale circa 525 miliardi di euro.

Il conto di per sé sarebbe facile.

Avremo ogni anno circa 9.000 euro a testa!

Mi sembra molto… Siamo sicuri? Cioè ognuno di noi riceve sotto forma di servizi, sussidi o soldi veri euro 9.000?! ogni anno?!

La mia famiglia, considerando mia moglie le mie tre figlie e me, riceve ogni anno 45.000 euro?!

Siamo sicuri?

Certo ma bisogna considerare i servizi!

Davvero e quali?

Tutto, per esempio la pulizia delle strade?

Davanti a casa mia a Marina di Ravenna (lo dico serenamente perché è vero) sono sette anni che non tagliano, o semplicemente potano, gli alberi; le foglie le raccolgo io… non solo quelle che cadono ma anche quelle che il vento porta; davanti a casa ho tre alberi enormi, platani, ma è come se fossero trenta, per tutte le foglie che raccolgo.

Questo è il lavoro invernale, perché d'estate lavo il marciapiede con l'acqua che pago io la polvere viene in casa e ci sono dei cani che senza ritegno lasciano numerosi ricordi, grazie anche a persone che li portano in giro con noncuranza verso il prossimo.

Bé d'accordo, ma le strade non vanno solo pulite, vanno salvaguardate.

Sì, giusto! Peccato che i tombini colmi di foglie siano intasati e malgrado il mio impegno spesso siano un rischio quando piove e d'estate un covo di larve di zanzare.

Lasciamo stare!

Le strade sono lisce e ben curate per questo ricevi in servizio.

Ha, ha, hahaha... Scusa se rido ma le strade non sono lisce, sono piene di buche, i marciapiedi pericolosi, soprattutto per chi è anziano e ci vede poco, non ci sono fontanelle d'acqua come una volta, poche panchine in posti improponibili e la luce è assente... Non sempre, alle volte è presente ma così in alto che è come se fosse la luna.

Va bene, va bene.

I servizi che ricevi non sono stradali né di pulizia, né di manutenzione... E ho capito che basterebbe poco... Si potrebbero mettere degli alberelli che abbelliscono ma non sono pericolosi, che non rompono le tubature con radici enormi.

Finora mi è parso di capire che non ci siano servizi, forse saranno d'altro genere.

Va bene: forse i servizi che ricevi allora sono sanitari?

Sanitari in che senso?! Non vorrei fraintendere.

Forse sarebbe meglio riderci su... Il dentista costa e parecchio... Ho speso duemila euro per un apparecchio dei denti della prima bambina e poi altri duemila per la seconda, la terza vedremo... Qual è il servizio?

Non so se hai colto l'ironia di riderci abbinato con apparecchio per i denti.

Tutti i servizi che ho avuto, per mia moglie o me, li ho pagati…

Scusa ma non potevi andare con la mutua?

Sì, potevo ma sfortunatamente ragiono così: un'ecografia o non serve o serve subito, non tra otto mesi… Inoltre mi sento preso in giro quando mi dicono che l'appuntamento, tra otto mesi, lo si può scegliere tra le dieci e le dieci e mezzo.

C'è un'altra cosa che non si considera.

Il costo delle analisi va aumentato perché bisogna prendere permesso dal lavoro per prenotarlo, prendere permesso per fare le analisi, prendere permesso per il risultato… E poi grazie al Signore se vanno bene.

Una settimana di ferie per fare delle analisi.

Va bene, va bene. Lasciamo stare la salute… E che Dio ci aiuti… Riceverai dei servizi.

L'autobus lo utilizzi?!

No, nella tratta che mi sarebbe più consona, a Ravenna, impiega 42 minuti come 42 anni or sono. Alle volte il vetro è rotto, la gente urla o ha un odore di sudore, d'estate, che è nauseabondo.

Una volta qualcuno aveva anche vomitato sull'autobus: si poteva passare il tempo constatando che questa cara personcina aveva mangiato pizza ai peperoni.

Bé allora sei tu che sei delicato…

Sì forse, ma non abbiamo ancora trovato un servizio eppure con 525 miliardi si fanno un sacco di cose.

Tipo?!

Adesso sul momento, a parte quelle dette, non me ne vengono in mente molte.

Dunque abbiamo detto che paghiamo i politici, la parrucchiera si aiuta da sola, le foglie le raccogli tu, le strade sono rattoppate… Può capitare di trovare il vomito sull'autobus.

Chi ha la colpa di queste cose? Sembrerebbe che siano tanti… Mauro Moretti non credo… Non penso che l'amministratore dei treni vada a vomitare in autobus, ma non si sa mai… Magari vuole dissuadere i cittadini a prendere il bus, magari è un fine marketing, magari Mauro mangia la pizza ai peperoni.

Dunque soldi non ne sono avanzati, quindi è chiaro che vengono spesi… Fermi tutti in parte vanno in quegli scandali che abbiamo visto prima… Ah per fortuna, altrimenti cosa li chiediamo a fare se non li spendiamo?!

Sì, è vero in parte vanno per opere inutili in corruzione, in false consulenze, in stipendi di persone incapaci o inutili.

Mi stavo preoccupando. Almeno una parte delle tasse serve a qualcosa, ma il resto?! Non è mica facile spendere tutti quei soldi, anzi di più, perché aumenta il debito, e poi ogni anno… Che fatica!

Ah giusto gli interessi, la spesa maggiore: ogni anno gli interessi sono ottantanove miliardi.

Ahi, ahi, ahi involontariamente ho trovato qualcosa di strano… Non volevo mi spiace.

Bé ormai parliamone.

Lo Stato italiano ha 2.000 miliardi di debito e ogni anno paga interessi per 89 miliardi vuol dire che paga il 4,45% medio.

Cosa c'è di strano?

Di strano c'è che quando io, cittadino medio comune, ho un titolo di Stato, mi viene riconosciuto un interesse che equivale alla metà, circa il 2,25%, allora com'è la storia?

A qualcuno lo Stato paga il 7%, a qualcuno l'8% e a me il 2,25%?! Anche qui mi fregano?! No, solo in teoria in quanto io non ho titoli di Stato!

Ah che fortuna sono povero, così almeno qui non mi fregano.

Tuttavia qualcosa non quadra.

A questo punto, raccontate tante cose, siamo ancora a metà del guado, e forse neppure… La politica con i suoi costi mostruosi, l'evasione delle tasse, i vari fatti nelle vari regioni, interessi spropositati, i servizi deboli oppure inesistenti, la nostra responsabilità. Ma tutto questo significa in "soldoni"? e il grosso deve ancora venire oppure si è tutto sgonfiato senza darci la risposta?

Il "grosso" della spesa pubblica è rappresentato da uscite correnti che vuol dire tutto oppure nulla, proprio nulla.

I quattrocento miliardi di euro annui contengono tutto: dalla matita che si trova sul tavolo di un ministero qualsiasi fino al progetto faraonico dello stretto di Messina. La matita potrebbe servire e così anche il ponte sullo stretto… Sì, potrebbero servire ma non è detto.

Facciamo ancora una volta un passo indietro e parliamo di una famiglia.

In famiglia è tutto più facile, anche accorgersi che qualcuno fa il furbo.

Prendiamo questa volta una famiglia senza nonni, purtroppo, dove la mamma lavora ed anche il papà.

I due figli di cinque e sette anni sono affidati ad una baby sitter, che si occupa anche della casa.

La mamma guadagna netti al mese euro 2.200 e il papà 1.800, una famiglia fortunata.

Hanno deciso di assumere questa ragazza che costa euro 1.300 compresi i contributi.

La famiglia è convinta di aver fatto una scelta giusta, in quanto i genitori insieme guadagnano quattromila euro e pagando la ragazza rimangono duemilasettecento, cosa che, se lavorasse solo un genitore, non accadrebbe.

Tuttavia non è così, anche se loro non lo sanno.

La ragazza, che gode di fiducia, gestisce la casa con 1.200 euro al mese, ma 700 li spende davvero mentre i 500 di differenza se li incassa "belli-belli", senza che nessuno lo sappia.

Così il papà potrebbe stare a casa e il bilancio familiare sarebbe lo stesso, con la differenza che si godrebbe i figli, niente arrabbiature per il traffico, per i colleghi… Invece non sa che la sua persona di fiducia si comporta così.

Magari succede qualcosa del genere anche in Italia?! Vuoi vedere che anche noi abbiamo qualcuno che fa sparire i soldi senza che nessuno lo sappia?!

No, non mi riferisco ai politici, sarebbe troppo semplice e poi da soli più di tanto non possono fare…

Come? Come?! Secondo te non possono fare più di tanto?!

No! Anche se ci fosse il disonesto più disonesto non riuscirebbe a fare granché. Mi spiego meglio.

Mettiamo che un politico, disonesto, prenda ventimila euro netti al mese per non fare nulla e facciamo l'ipotesi remota che riesca a farsi rimborsare dal caffè all'automobile: non sarebbe giusto, non sarebbe etico, non sarebbe decoroso, ma nel bilancio dello Stato sarebbe già compreso, è già compreso, nei primi ormai famosi 24 miliardi del costo della politica. Ma allora anche se l'esempio della baby sitter fosse quanto succede all'Italia, il danno non sarebbe maggiore?

Dove spende lo Stato i soldi?! Forse siamo in crisi non per i politici, non per altro?

A questo punto mi sta scoppiando la testa ma chi è il colpevole di tutte queste cose? Chi può fare tanti danni insieme?! Neppure se si mettono d'accordo lo spread con il Presidente del consiglio viene fuori questa tragedia. Aiutami, rispondimi chi è il colpevole?

È meglio fare un sommario elenco delle principali spese e vedere quanto e come incidono, magari la soluzione la troviamo insieme. Ma non è così scontato.

Tra le principali voci di bilancio di spesa pubblica si trovano:

Spesa per servizio pubblico radiotelevisivo, spesa per copertura e interessi sul debito pubblico in scadenza, spesa per finanziamento, gestione e manutenzione di beni artistici e culturali di proprietà statale.

Spese per prevenire eventuali disastri, calamità naturali e ambientali.

Spesa per armamenti, difesa militare, pubblica sicurezza interna esterna. Spesa per i servizi pubblici offerti al cittadino dalla pubblica amministrazione, cioè governo parlamento ministero tribunali regioni province comuni comunità montane. Spesa per finanziamento di ricerca e sviluppo scientifico-tecnologico dei rispettivi enti pubblici di ricerca e Università. Spesa per pubblica istruzione. Spesa assistenziale e previdenziale (e relativi enti quali inail, inps, inpdai). Spesa per servizi pubblici primari o essenziali quali infrastrutture pubbliche e trasporti.

Quindi le nostre spese che ci hanno spinto sul baratro sono queste?

Vuoi vedere che molte si pagano, si dovrebbero pagare, già da sole?! Vuoi vedere che alcune non servono?! Vuoi dire che abbiamo trovato il colpevole?

Vediamo subito! Prendiamo la voce più facile. Spesa per servizio pubblico radiotelevisivo.

La rai raccoglie, considerando i canoni e la pubblicità, dai 2,5 ai 3 miliardi di euro in un anno e ciò significa, male che vada, che ogni giorno abbiamo a disposizione 7 milioni di euro per far vedere qualcosa di decente!

Scusate ma come mai sarà possibile che non ci sia nulla da vedere di decente?! E come mai i soldi non saranno sufficienti?

È davvero impossibile! Minimo 7 milioni di euro al giorno, ma vi rendete conto?! Con 7 milioni di euro faccio dire il telegiornale a Bruce Springsteen, e Robert De Niro a recitare in dialetto molisano, visto che è d'origine di Campobasso, le previsioni del tempo.

Avanzerebbero dei soldi!

La Rai non è un problema, escludiamo che sia questa la voce che affossa l'Italia. Giusto?! A dire il vero non so, ma andiamo pure avanti.

Spesa per copertura e interessi sul debito pubblico in scadenza. Questa voce l'abbiamo considerata prima, ricordi? Sono gli 89 miliardi: tanti ma non determinanti.

Lasciamoli pure da parte, non sono loro i colpevoli, troppo poco.

Siamo in un casino tale che ottantanove miliardi non sono determinanti.

Spesa per finanziamento, gestione e manutenzione di beni artistici e culturali di proprietà statale.

Oh! Qui ci facciamo quattro risate!

L'Italia è in crisi perché spendiamo troppo nella salvaguardia dei monumenti?

Ecco qui qualcosa di rilevante accade.

Ventisei euro di incassi l'anno per ogni dipendente: è da apocalisse il bilancio dei musei e dei siti archeologici calabresi. Parlare, o meglio sparlare, della Calabria non sarebbe corretto.

Sono i conti del nostro intero patrimonio culturale a esser tragici: tutte le biglietterie statali italiane messe insieme hanno fatto introiti in un anno per circa cento milioni. Il 25% in meno del Louvre da solo.

Non c'è museo al mondo che possa reggersi sui biglietti, ma negli altri paesi sono un pochino più astuti: mettono le cose di contorno che aiutano a produrre denaro come caffetterie, Bookshop, parcheggi, magliette, gadget.

Da noi invece non solo non ci sono queste entrate ma non sai dove parcheggiare, dove dormire, come arrivare al museo e allora non ci vai.

Invece la culla del rinascimento ha dei cittadini che non conoscono neppure i monumenti della propria città.

Quanti ravennati sanno che nella loro città il complesso dei primi monumenti cristiani di Ravenna è considerato Patrimonio dell'umanità dall'Unesco?! Quanti ravennati sanno che hanno a pochi passi Il Mausoleo di Galla Placidia, il Battistero Neoniano, la Cappella Arcivescovile, la Basilica di Sant'Apolinnare Nuovo e in Classe, il Battistero degli Ariani, la Basilica di San Vitale il Mausoleo di Teodorico?!

Scusa il trasporto... No, non l'autobus vomitato di prima, intendo trasporto narrativo... Sono uscito dall'argomento; torniamo alle spese e alla ricerca del colpevole.

È irragionevole arrivare a perdere il 99%. E vista la nostra situazione finanziaria è stupefacente che il tema non venga immediatamente considerato.

«Noi tutti prendiamo più sul serio ciò che costa che non ciò che è gratuito», ha scritto Luciano De Crescenzo.

Allora facciamo pagare tutto.

Ma la cultura è di tutti, allora il povero non potrebbe andare al museo.

Ho capito, ma il miliardario almeno lo facciamo pagare?!

Dunque abbiamo trovato un colpevole: i nostri monumenti costano di più di quanto rendono e basta... Di conseguenza sono loro i colpevoli.

In Italia è arrivata la crisi per colpa dei monumenti e siccome abbiamo tanti monumenti allora la crisi è forte.

Ancora un momentino prima di cantare vittoria, i monumenti hanno duemila anni, alcuni mille ed alcuni cinquecento (tanto per farla breve) allora il ragionamento non tiene.

C'è crisi da pochi anni, in alcuni settori da alcuni mesi e i monumenti hanno centinaia d'anni.

No, nessuna vittoria: non abbiamo ancora trovato il colpevole, almeno quello con la maggiore responsabilità.

Allora sono le spese per la prevenzione eventuali disastri, calamità naturali e ambientali?

No, per piacere non fatemi soffocare dal ridere.

In Italia si spende molto, ma molto, ma molto per "curare" dopo le calamità, piuttosto che prevenire.

La prevenzione non esiste e addirittura si aumentano i rischi con costruzioni selvagge, argini di fiumi fatti di marzapane, colline ed anche montagne svuotate senza alberi, grattacieli costruiti su paludi.

No, qui al limite se esiste lo spreco è solamente postumo pertanto la voce va "depennata"… Fino a qui rimane ancora un mistero irrisolto.

Ma perbacco, allora vuoi vedere che la crisi non ha causa? Sarà mai possibile?

Le speranze si vanno affievolendo, tuttavia ormai che ci siamo proseguiamo fiduciosi.

Mi viene da pensare che sia impossibile trovare il colpevole.

Potrebbe essere la spesa per armamenti, difesa militare, pubblica sicurezza interna esterna?!

Sì, potrebbe essere la causa della crisi, ma c'è solo un piccolo particolare che fa archiviare il capitolo in fretta e furia: la leva obbligatoria è stata abolita nel 2005 e la crisi è arrivata dopo.

Secondo le stime più accreditate, da allora ogni anno 600 mila ragazzi non vengono mantenuti dallo stato. Non vengono più spesi soldi per addestrare così tanti ragazzi e allora se il numero è diventato un decimo (o anche solo un ottavo) com'è possibile che questa spesa abbia portato alla crisi?

Dobbiamo rivolgere la nostra attenzione altrove.

Guardiamo la spesa per i servizi pubblici offerti al cittadino dalla pubblica amministrazione come governo, parlamento, ministero, tribunali, regioni, province, comuni, comunità montane?

No, lasciamo perdere, è stato accesso il faro all'inizio di questa piacevole carrellata: spendiamo 24 miliardi, ormai lo sappiamo, ma ci sono tante, troppe persone che vengono giustamente, o ingiustamente, mantenute. Ormai è storia trita e ritrita; andiamo ancora avanti. La lista si sta riducendo. Che sia colpa della spesa per finanziamento di ricerca e sviluppo scientifico-tecnologico dei rispettivi enti pubblici di ricerca e Università?

No, mi spiace ma anche qui non sono d'accordo, per due motivi.

Il primo è che negli ultimi dieci anni gli iscritti all'università sono diminuiti di circa il 15 per cento.

Se l'università e la ricerca fossero responsabili della crisi, o se lo fossero state, diminuendo le iscrizioni dovrebbero migliorare le cose. Bisogna anche considerare le entrate: in realtà ogni anno le famiglie italiane spendono, solo di tasse universitarie o scolastiche, da mille a duemila euro, senza considerare i libri ed eventuali fuori sede, e pertanto anche la ricerca e l'università vanno escluse.

Ormai manca poco: sarà, per caso, la spesa per pubblica istruzione, spesa assistenziale e previdenziali?

No!

Diciamo subito no, ma vediamo i due capitoli che sono racchiusi in questa voce di spesa.

Meglio essere categorico, le scuole sono davvero migliorate negli ultimi trent'anni?

Gli insegnanti fanno i salti mortali per far fronte, con mezzi sempre meno adeguati, ad una società maleducata e in continua evoluzione.

La scuola deve essere vista comunque come un investimento per una società migliore.

Nelson Mandela aveva visto giusto affermando, "L'istruzione e la formazione sono le armi più potenti che si possono utilizzare per cambiare il mondo."

La previdenza invece?

Si parla tanto che le pensioni sono pagate da chi lavora, allora è qui il colpevole?! Finalmente l'abbiamo trovato?!

No, mi spiace ma non sono d'accordo.

Sarà che mio padre ha versato quarant'anni di pensione godendone, si fa per dire, poi solo per quattro anni, mentre mia madre è morta molto prima, avendo versato inutilmente i contributi.

Sarà che molti prodi lavoratori sono morti prima, nel fiore degli anni, pagando fino all'ultimo centesimo.

Basta con questo luogo comune! Sono di più gli anonimi contribuenti che i famosi vip evasori.

Così sono molti di più quelli che hanno lavorato duramente una vita rimanendo con in mano delle mosche, se sono stati fortunati a sopravvivere, piuttosto che quelli che sono stati mantenuti da pensioni immeritate. Allora basta con queste storie.

Per chi ha lavorato davvero per tanti anni almeno, se non riconoscenza economica, rispetto.

A questo punto rimane una voce: la spesa per servizi pubblici primari o essenziali quali infrastrutture pubbliche e trasporti.

In questo caso per capire la questione bisogna prendere una definizione accademica.

A domanda: cosa si intende in economia per infrastruttura? possiamo rispondere:

In economia con infrastruttura si va a definire la rete di beni e servizi che, pur non operando direttamente sul sistema produttivo, è fondamentale per lo sviluppo socio-economico del Paese mediando i rapporti tra le parti. Ripeto: è fondamentale per lo sviluppo socio-economico del Paese!

Pertanto le spese sono finite.

A quanto pare, e fino a prova contraria, tra le spese non c'è causa di crisi.

Dunque il colpevole non esiste?! Qui qualcosa non quadra perché se non c'è l'arma del delitto, il mandante, l'esecutore... Va a finire che non c'è neppure la crisi... La crisi esiste davvero?

La crisi esiste davvero?

A questo punto cominciamo a dubitare che la crisi esista davvero.

Un momento ci abbiamo pensato davvero bene?! La crisi italiana esiste? Ne siamo sicuri oppure ci è stato riferito? Va a finire che non c'è la crisi, che non c'è mai stata...

No, non è possibile la crisi ci deve essere per forza, non ti sei accorto che non ci sono i soldi? Non vedi che non c'è lavoro?

Aspetta, sei sicuro che questo voglia dire che siamo in crisi?! Magari non potrebbe essere che i prodotti sono sempre di qualità, che lavoriamo con impegno come dieci anni fa ma qualcos'altro non funziona?!

Non sappiamo davvero se ci sia la crisi, tenteremo di scoprirlo, ma ancor prima dobbiamo chiederci se esista ancora l'Italia.

Guardiamo insieme un attimo, non ci costa nulla ma ragioneremo con la nostra testa.

Vi ricordate ora quando con fiducia avete affrontato le prime righe?

L'articolo uno dice che l'Italia è una Repubblica democratica, fondata sul lavoro... Sarebbe a dire come una casa senza fondamenta...

Sarà mai possibile avere un corpo vivo senza sangue?

Potremmo trovare tutti gli esempi possibili, ma l'articolo principe della nostra costituzione dice proprio che l'Italia è una Repubblica democratica fondata sul lavoro, quindi se non c'è lavoro l'Italia non esiste. Ci avevate certo pensato, ma andiamo ancora avanti e certamente capiremo cose che i giornali, intasati da siparietti della politica, non raccontano.

Ci avevate pensato che se Mario Balotelli piange per essere stato sostituito in una partita a lui vengono dedicate cinque pagine di giornale, forse di più, mentre se un uomo muore sul lavoro folgorato per millecentocinquanta euro al mese ha posto sul giornale solo se il suo nome non è troppo lungo?!

È tutto vero.

Ogni giorno in Italia muoiono ancora tre persone sul lavoro per sfortuna, incuria, inosservanza delle elementari norme…

Attenzione, stai andando fuori tema!

No, non sto andando fuori tema, la sto prendendo alla larga per arrivare più avanti segnando una meta spettacolare.

Ricordati che tu leggi con più attenzione delle lacrime di Mario con la maglia del Milan piuttosto che di tre morti al giorno… Ricordati come prima dicevamo della parrucchiera, ricordati di quanto abbiamo scritto fino ad ora e come nei telefilm americani il volto disegnato sull'identikit pian piano diventa più nitido. Affrontiamo velocemente la seconda parte dell'articolo uno e leggiamo che la sovranità appartiene al popolo, che la esercita nelle forme e nei limiti della Costituzione.

Cos'è la sovranità?! È l'espressione della somma dei poteri del governo quindi legislativo, esecutivo, giudiziario.

Ma questo cosa c'entra con la crisi?

C'entra perché o siamo stati derubati o altrimenti siamo noi che, seppur indirettamente, decidiamo cosa fare.

Avete presente quando la vostra compagna, vostro marito oppure un amico vi porta da qualche parte e poi comincia a lagnarsi che il posto costa troppo, che non si mangia bene, che non sa perché non si poteva stare in casa?! Siamo a questi livelli!

L'articolo due, per piacere portare pazienza, mi fermo al tre, cita argomenti che se non fossero tragici sarebbero comici. La Repubblica riconosce e garantisce i diritti inviolabili dell'uomo, sia come singolo sia nelle formazioni sociali ove si svolge la sua personalità, e richiede l'adempimento dei doveri inderogabili di solidarietà politica, economica e sociale.

Un uomo si suicida perché non riesce a pagare le tasse, perché ai tre dipendenti che lavorano con lui da ventidue anni non riesce più a riconoscere lo stipendio.

Mi trovo quasi costretto a citare ancora le parole di qualcuno molto, ma molto più bravo di me... Del poeta Fabrizio De André:

"Prima pagina venti notizie ventuno ingiustizie e lo Stato che fa, si costerna, s'indigna, s'impegna poi getta la spugna con gran dignità."

Eccoci quindi all'articolo tre dove tutti i cittadini hanno pari dignità sociale e sono eguali davanti alla legge, senza distinzione di sesso, di razza, di lingua, di religione, di opinioni politiche, di condizioni personali e sociali.

È compito della Repubblica rimuovere gli ostacoli di ordine economico e sociale che, limitando di fatto la libertà e l'eguaglianza dei cittadini, impediscono il pieno sviluppo della persona umana e l'effettiva partecipazione di tutti i lavoratori all'organizzazione politica, economica e sociale del Paese.

Vogliamo prendere il più povero del comune di Valsoda che è, o è stato, il comune più povero d'Italia?

Potrà mai il cittadino più povero del comune più povero d'Italia avere gli stessi diritti di un qualsiasi altro Vip italiano? Potrà mai avere la stessa assistenza giuridica in caso di bisogno?

No, mai. Ricapitoliamo, a questo punto sappiamo per certo che tutti dovrebbero avere gli stessi diritti e che lo Stato in quanto tale se ne fa garante, ma a parole perché nei fatti non ci riesce, magari ci prova, ma il risultato non è garantito.

La base è sbagliata, le fondamenta non reggono, anzi non ci sono.

Ma a noi questo non basta, il potere che abbiamo come sovranità o lo gestiamo male oppure non lo gestiamo.

Il primo errore, il più grosso errore, quello irrimediabile è il nostro.

Ecco l'ho detto, mi sento meglio.

Il primo errore quello che non può essere corretto è essere esseri umani, poveri, spiritualmente ed eticamente intendendo, esseri umani.

Hai fatto tanti giri, hai raccontato tante cose e poi se non ho il lavoro è colpa mia? La crisi non esiste ma ci sono dei problemi perché io sono un essere umano e in continuazione, senza freni, commetto errori?!

Ma cosa dici??! Scherzi?!

Saranno le banche... Sì, ecco... Ho trovato saranno state le banche. Sono loro.

È giusto, bisogna parlare anche di loro.

Lo so cosa vuoi leggere e io giustamente lo scrivo: i derivati.

Sì, la colpa non è della nonna cleptomane che in banca ruba le agende, neppure del direttore di banca che invece del 0,025% ci riconosce un misero 0,024% di tasso attivo così la sua filiale, e di conseguenza la sua banca guadagna di più.

Se la crisi esiste, io davvero non so se ci sia, esiste per colpa dei derivati?!

I derivati sono, anche se ci sono stime diverse, oltre 600 mila miliardi di dollari… Mi è stato detto anche questo e non so come sia possibile contarli.

Il discorso è complesso, ma volutamente lo voglio semplificare: il derivato è una scommessa e un'assicurazione allo stesso tempo; in sintesi servirebbe, ma non lo fa, ad assicurare che eventuali oscillazioni vengano contenute.

Vorrei banalizzare ancora di più: come potremmo fare pagare sessantamila il premio di un'assicurazione per un'auto per un eventuale furto, se l'auto vale ventimila euro?!

Come fanno i derivati quindi, come coperture, ad essere dieci volte superiori al prodotto interno lordo di tutti i paesi del mondo?

Eh lo so, viene da banalizzare ancora, ulteriormente, ma è come se noi affidassimo i nostri soldi alla banca e questa li prestasse alle imprese, oppure a chi fa il mutuo sulla casa e poi la banca stessa andasse sul tavolo verde a giocare tutto sul rosso… Sbancherà o sarà sbancata? tanto per fare un gioco di parole con la parola banca.

Una volta che la banca ha fatto grossi utili, il primo anno li divide tra gli azionisti che sono i ricchi, oppure i più ricchi perché in grado di comprarsi grossi pacchetti di azioni.

Hanno interesse ad aumentare gli utili se li devono dividere, ma se l'anno dopo c'è una catastrofe finanziaria chi paga?

Gli azionisti no, perché se le azioni si svalutano, parlo sempre dei grossi azionisti, non varranno come prima ma chi se ne importa visto che controllano ancora la banca?!

Allora i soldi li dobbiamo chiedere ad altri e secondo voi a chi li chiedono?

Va bene, ma come mai io perdo il lavoro?

In questo caso il ragionamento è semplice. Ti ricordi dove lavoravi?!

Sì, era una società che faceva l'estrusione di materie plastiche e io lavoravo su un estrusore a 30 metri d'altezza, con 50 gradi di temperatura per 20 anni tutti i giorni uguali inverno ed estate. Non ho capito perché mi hanno licenziato: io ho fatto la stessa cosa per tutti questi anni, se avessi sbagliato mi avrebbero lasciato a casa prima.

No, caro amico tu non c'entri nulla.

La banca che finanziava la società per la quale lavoravi si è giocata tutti i soldi sul tavolo verde e non li ha da restituire a chi li vuole indietro, così ha deciso di ridurre gli impieghi... Il direttore si è fottuto la maggior parte dei soldi e poi quelli rimasti li ha sottratti perché ha capito che sarebbe stato licenziato.

Ha fatto bene, ormai sarebbe stato indagato: ora si trova su un'isola del pacifico con vicino una sventola che potrebbe essere sua figlia e qualche milione in saccoccia.

In effetti questa non è crisi, è appropriazione indebita, malagestione...

Quindi la crisi non c'è davvero?

Crisi o non crisi, quelli della banca che sono rimasti, con molta attenzione, hanno detto alla società di restituire i soldi e quest'ultima senza quel finanziamento non può acquistare materia prima dall'Egitto e tu non puoi far funzionare l'estrusore... Allora cosa ti tengono a fare?

Almeno risparmiano il tuo stipendio.

Dunque io pago per colpe di altri? Il direttore è un cane rognoso, ruba e poi se la gode e io perdo il lavoro?

Sì, in questo caso è proprio così. Ma non è finita, perché se si fa una bastardata si fa per bene.

Così ancora faccio una battuta tra direttore cane rognoso e bastardata.

Ti ricordi che pagavi al mese euro 500 per il mutuo? Bene da domani ne devi pagare mille perché i tassi sono saliti, perché il denaro è poco e quello che c'è costa.

Ma scusa, mi togli lo stipendio e mi raddoppi il mutuo?!… Come farò a pagare quello che devo?

Stai tranquillo, ti tolgo la casa e sei a posto! Contento?!

Perbacco, almeno sono contento di sapere la verità, almeno so che lo spread è innocente, poverino lui.

Allora me la prendo con le banche e buonanotte. Allora perché abbiamo fatto un giro così tortuoso se la colpa è solo delle banche?

La crisi non esiste allora: ci sono alcuni direttori ladri, non tutti ci mancherebbe, che hanno rubato i soldi che muovono l'economia… Allora siamo arrivati.

E chi l'ha detto?!

La banche sono solo delle istituzioni e all'interno delle banche ci sono delle persone, la colpa è loro, solo di alcuni di loro e solo in qualche caso.

La colpa però non è solo la loro e per sapere tutta la verità dovremo rifare il giro e ci renderemo conto che ogni cosa è fatta male e la colpa è della famosa parrucchiera, non tutte sono così, e della banca.

Magari la prima parrucchiera che abbiamo portato d'esempio è sposata con il direttore di banca. Peggio però è se noi siamo parrucchiera o direttore di banca.

La colpa è di ogni singolo cittadino con uno straccio di potere decisionale, gli uomini e i caporali dell'amato Totò hanno fatto o fanno la scelta sbagliata.

La politica è sbagliata, tutta

La politica non ci rappresenta e non dà a tutti la possibilità di essere rappresentati.

Né territorialmente né per idee né per esigenze, la politica quando ha tremila rappresentanti rappresenta tremila persone e se siamo fortunati pochi di più, ma mai tutti.

In realtà sarebbe molto facile rappresentarli tutti.

Molto facile, molto equo e si potrebbero rispettare i tre articoli della costituzione che abbiamo visto insieme.

Basterebbe fare gruppi di cento persone, raggrupparli facilmente per residenza tra vicini di casa. Potrebbero essere venti forse venticinque famiglie… Magari anche trenta.

Ecco eletto un rappresentante per il primo gruppo in un sabato pomeriggio.

Il primo rappresentante, Mario, uomo comune, il secondo Vasco, uomo famoso e così via…

Quattrocentottantamila rappresentati (visto che gli aventi diritto al voto sono circa 48 milioni) che a loro volta uniti in gruppi di cento, per vicinanza geografica eleggerebbero altri cento rappresentanti.

Eccoci quindi al successivo scalino dove verrebbero quattromilaottocento rappresentanti che a loro volta eleggerebbero questa volta in gruppi di 5 gli ultimi, i 960 tra parlamentari e senatori.

Il popolo sarebbe rappresentato nel migliore dei modi.

Pensa a una piccola cittadina come Marina di Ravenna, che non fa neppure comune, al primo scalino, visto che ha 4.000 abitanti con circa tremila aventi diritto al voto, avrebbe trenta rappresentanti ma poi per avere un candidato dovrebbe mettersi con la vicina Punta Marina e ancora, dall'altra parte, con Porto Corsini; le tre frazioni avrebbero un rappresentante e così il resto d'Italia.

È normale che ognuno vorrebbe la scuola per il proprio quartiere, la strada e tutto quanto altro necessario; altrettanto chiaro che ognuno dovrebbe dar conto ai propri vicini di casa. Ma noi no, la vogliamo complicata!

La vogliamo non democratica, perché oggi se un signore ricco o famoso, oppure entrambe le cose, decidesse anche solo per sfizio di entrare in politica davvero avrebbe le stesse possibilità di ognuno di noi?! Neppure una in più?!

Ma sono loro che fanno quello che vogliono, io faccio quello che mi dicono di fare o mi permettono di fare.

No, caro amico, volevo che arrivassi qui per tornare alla questione delle banche.

Cosa c'entra? abbiamo capito che combinano quello che vogliono… Io cosa c'entro?

Ora ci arriviamo.

La banca mi ha messo in difficoltà

La banca mi ha messo in difficoltà in quanto prima mi ha fatto fare le rate per il mutuo, per l'auto, per le vacanze e poi, perso il lavoro, mi ha pignorato tutto.

È colpa della banca?!

Facciamo un piccolo passo indietro ancora una volta.

Prendiamo i tempi dei nostri genitori.

Un impiegato di banca allora andava a lavorare in autobus e poi se era parsimonioso dopo due o tre anni, con un figlio in arrivo, si comprava una vespa; quando il suo primo figlio aveva due o tre anni e forse la famiglia attendeva il secondo arrivava una cinquecento della Fiat.

Oggi in una coppia ci sono due automobili di cui una a rate e l'altra anche ed entrambe nuove, ma si gira in scooter, a rate, in quanto è difficile parcheggiare.

Bolli e assicurazioni non vanno dimenticati... Peccato che non fanno le rate per tutto in banca.

Magari ognuno ha due telefoni, a rate, e quindi i due giovani devono mantenere i quattro telefoni. Perché quattro? Ma sveglia! Uno è quello ufficiale, l'altro è solo per pochi intimi (o qualche relazione clandestina).

Ma sono appena sposati, vuoi che abbiamo una relazione clandestina? Certo, pensa che entrambi la notte prima delle nozze con il fatto che la tradizione vuole che gli sposi non si vedano hanno potuto avere, entrambi, campo libero con l'amante.

Davvero?! Certo ma andiamo avanti, perché hanno due computer e due televisori... La sera invece di fare l'amore come una volta guardano la televisione.

Così giovani guardano la televisione?! Bé almeno stanno insieme.

No, neppure. Sono vicini ma non stanno insieme, quando c'è il derby dorme lei, quando c'è una commedia romantica dorme lui.

Quando ci sono le due cose insieme uno dei due va nell'altra stanza, per fortuna c'è la seconda televisione e si separano.

Ah dimenticavo che i due telefoni e una televisione li stanno pagando a rate e devono anche essere indietro di qualche rata, ma tanto non ha ancora sollecitato nessuno.

Quindi non c'è la crisi, la crisi non esiste, ho capito. Esiste invece il fatto che abbiamo fatto e facciamo una vita costellata di sprechi che prima o poi ci chiedono di pagare con soldi che non abbiamo.

Andiamo indietro: la famiglia dei nostri genitori non aveva la televisione, ma neppure una sola i primi anni di matrimonio e ci si dava dentro alla grande.

Niente televisioni, niente telefoni, niente computer, solo una vespa.

Non finisce qui, perché ai bambini, poi ragazzini, si comprava un libro, un gioco e poco altro, ad esempio matite colorate e la fantasia non mancava.

Oggi a cinque anni devono comprare le motorette elettriche.

Una volta, se eri già un pochino ricco avevi una biciclettina che era stata di tuo cugino più grande.

La faccio breve, oggi una famiglia spende, diciamo butta, quindicimila euro all'anno in cose che una volta non esistevano e che non servivano come poi anche oggi davvero non servono.

Ora facciamo che un capofamiglia, che sia mamma o papà, perda il lavoro a 42 anni, quando si è sposato a 27.

Per 15 anni ha speso 15 mila euro per il doppio, quindi quadruplo telefono, per le auto accessoriate, per i computer e chi vuole aggiungere aggiunga.

Ecco che i 225 mila euro potrebbero essere sul comodino per andare avanti comodamente per un bel po'.

Siamo sicuri che la crisi esista davvero?

Ma il telefono ci vuole, devo messaggiare e il computer ti permette, anche il telefono, di essere sui social…

Sui cosa? Intendi i gruppi dove hai come amici settecento persone?!

Scusa, quanti ne hai visti di persona? Ventidue? Ah… E con quanti hai cenato? Sei?! Uno è tuo fratello e una è la sorella piccola?! Ah, amici intimi quindi!

Scusa ma non ho ancora capito bene a cosa serve essere iscritto sui social…

Un tuo amico mette la foto del suo tatuaggio e tu gli fai vedere la foto del tuo culo? Ah che poi non è neppure il tuo?!

Molto utile, molto interessante. Sì, fai bene a spendere.

Almeno, solo per curiosità, possiamo sapere di chi è quel culo? Se è maschile o femminile?

Ok hai ragione tu, i social forse non servono a molto, ma cosa c'entra tutto questo con la crisi? Non sarà mica per il mio culo che la crisi ci attanaglia?… Che poi la foto del mio sedere, come hai detto, l'ho presa da internet e chissà di chi è!… Forse è il tuo.

Invece c'entra tutto e anche se non è ben definito il contorno si sta delineando.

Hai capito oppure no?!

Allora, gira che ti rigira, sono io il colpevole?! Non so, pensavo che mi chiarissi le idee, ma non ho capito nulla.

Davvero, non è così, ho capito un sacco di cose interessanti, ho imparato questioni che il giornale o la televisione non mi ha mai raccontato, forse perché aveva paura che mi incazzassi, ma la verità se la crisi esista oppure no non l'ho capita e non ho capito neppure chi potrebbe essere il colpevole. Nelle pagine precedenti abbiamo detto che ci sono tanti fattori che contribuiscono alla crisi ed io solo in parte, in minima parte, ho contribuito.

In sintesi, abbiamo detto i costi della politica, l'evasione delle tasse con licenza poetica sulle parrucchiere, i vizi comuni in ogni regione, lo spread, il debito dello Stato, spesa per servizio pubblico radiotelevisivo, spesa per copertura e interessi sul debito pubblico in scadenza, spesa per finanziamento, gestione e manutenzione di beni artistici e culturali, proprietà statali, spese per prevenire eventuali disastri, calamità naturali e ambientali, spesa per armamenti, difesa militare, pubblica sicurezza interna e esterna, spesa per i servizi pubblici offerti al cittadino dalla pubblica amministrazione come governo, parlamento, ministero, tribunali, regioni, province, comuni, comunità montane, spesa per finanziamento di ricerca e sviluppo scientifico-tecnologico dei rispettivi enti pubblici di ricerca, Università, spesa per pubblica istruzione, spesa assistenziale e previdenziale, spesa per servizi pubblici primari o essenziali quali infrastrutture pubbliche e trasporti... Tutta questa roba e poi sarebbe colpa mia? Solo perché ho due televisioni, due telefonini?! Guarda che ti stai sbagliando. Guarda che non l'accetto.

Preferisco dirti non ho capito, preferisco dire che non sono sicuro che la crisi esista.

Aspetta, ancora pazienza, partiremo da questo elenco che hai riassunto ma facciamo emergere ancora qualcosa che definisca il quadro.

Magari capiamo insieme.

Ci sono ancora delle questioni che potranno sembrare lontane da noi anni luce, che non ci riguardano, ma tutti gli ingredienti contribuiscono alla torta e senza uno solo sarebbe certamente diversa.

Partita Napoli – Juventus.

Che c'entra? Io non posso essere tifoso del Napoli oppure Juventino?!

Dai non scherzare!

La somma dei valori di mercato dei giocatori delle due squadre è pari, circa, ai quattrocento milioni di euro.

Ah ecco… Volevi dire il solito discorso, peraltro banale, che nel calcio girano numeri esagerati rispetto ai nostri miseri stipendi?! Non lo trovo interessante.

Aspetta, solo un attimo.

La partita si svolge di sera, arricchita di pubblicità televisiva.

Arricchita si fa sempre per dire, è piena, soffocata di pubblicità… Trenta secondi di pubblicità a reti unificate per la modica cifra compresa tra i 164 e i 170 mila euro.

E quindi anche un piccolo spot di un minuto e mezzo costa, ma solo per metterlo in onda, circa mezzo milione.

Cominciando a descrivere queste cose, mi trovo costretto a dire sempre ad alta voce che non ho capito nulla.

Nulla di nulla.

Stasera vanno per la maggiore i biscotti, i telefoni e le automobili.

Passando da qui, il giro sarà davvero tortuoso, come la nostra mente è guidata sotto ipnosi, tuttavia insieme all'elenco di prima giungeremo ad una conclusione certamente sconcertante.

Per i biscotti ci affidiamo al famoso e celebrato Antonio Banderas, all'anagrafe José Antonio Domínguez Banderas.

Oh, oh, oh!

Antonio! Le ragazze si strappano le mutande, chi le porta, gli uomini sono visibilmente invidiosi.

Antonio si arricchisce per impastare due biscotti e parlare con una gallina alcolizzata.

Il consumatore medio compra più biscotti se c'è uno spot del genere.

Com'è furbo il consumatore medio, come siamo furbi noi consumatori medi.

E la crisi cosa c'entra? Continuo a non capire, nella testa ho solo un punto interrogativo.

C'entra eccome. E questo è solo uno dei milioni d'esempi che potremmo portare, ma cerchiamo di completarlo.

Antonio Banderas, peraltro certamente un bell'uomo, tuttavia se si pensa che è alto 1,74, ha quasi cinquantacinque anni, è visibilmente e spudoratamente tinto, magari bisognerebbe considerare che si tratta di un uomo medio, comune come tanti altri potrebbero essere, ma che non hanno avuto la fortuna di diventare famosi.

Va bene, meglio dei cinquantacinquenni comuni, però rimettetevi pure le mutande... La sera prende una tisana e dorme come un pupo.

Sono d'accordo, ma cosa c'entra ancora la crisi? E cosa c'entriamo noi se la gallina di Banderas passa le serate al bar?

C'entriamo, perché accettiamo che un biscotto sia migliore se ce lo dice Antonio con voce sensuale spagnola... Ah, peccato che la voce in realtà non sia sua.

Il bravo Massimo Rossi si impegna per farci apparire il bell'Antonio più attraente.

Ora, sempre cinicamente, consideriamo che oltre alla tintura dei capelli la voce è di un altro e allora pensiamo: siamo davvero sicuri che i biscotti siano deliziosi?

Non è che poi un po' di henné sia caduto negli abbracci?!... Naturalmente la parte scura. Ma dai... Hai voluto fare lo spiritoso, ma con la crisi questo cosa c'entra... Oppure continuo a non capire?!

C'entra perché la partita Napoli – Juventus richiama molti telespettatori, molti telespettatori richiamano costose pubblicità che riversano i costi sui prodotti.

Il mercato tira e la Barilla assume personale oppure, peggio, potrebbe affidare produzioni a terzi.

L'operaio lavora con fiducia per i biscotti e poi quando il signor Barilla dice alla radio che la sua società è a favore della famiglia tradizionale, escludendo le tante famiglie meno tradizionali, il biscotto vende meno e l'operaio rischia il posto di lavoro.

Oggi infatti la qualità è importante, ma non essenziale.

Se la stessa ditta terza produce un biscotto mulino bianco oppure produce lo stesso biscotto, ma lo confeziona diversamente magari chiamandoli, solo per fare un esempio, con il nome del doppiatore di Banderas, Antichi biscotti di Massimo Rossi allora avrebbero un successo certamente minore.

Ehi, ma queste sono le leggi del mercato!

Certo, ma sono esasperate. Non sarebbe meglio avere davvero un pubblicità comparativa con due schede biscotti Mulino bianco ingredienti e costo, Antichi biscotti di Massimo Rossi stessi ingredienti costo un quarto... Certo così facendo invece che a casa molti operai andrebbe a casa solo Banderas, ma questo rischio possiamo permettercelo sia noi che lui che di soldi ne ha fatti abbastanza.

In questo caso la crisi c'entra perché contribuiamo a gonfiare un mercato che poi rischia di implodere da momento all'altro.

Una piccola società non che non sia a rischio ma certamente è più difficile che si affidi a terzi per la produzione, che il bilancio sia infarcito da operazioni finanziarie che si allontanano dai biscotti.

Non dico che Barilla le faccia, ad essere sincero non lo so, tuttavia è certamente più facile.

Le banche si espongono e se succede qualcosa sono guai; non posso dirlo per altri, ma mi permetterai di dirlo per Parmalat. Tante piccole società non avrebbero causato il terremoto che invece ha messo in moto la Parmalat.

Tu pensa cosa può fare un biscotto, anzi no, un bicchiere di latte.

Così vale per i telefoni.

Un telefono serve per telefonare e telefonare serve per comunicare.

Durante la nostra partita Napoli- Juventus, che rimane ancora zero a zero, siamo invogliati a comprare un nuovo telefono da una pubblicità martellante.

Magari sarebbe meglio dire condizionati, piuttosto che invogliati.

Ma siamo sicuri che si tratti di una cosa che ci serva davvero?

Prima di tutto, l'aspetto fantastico sono le frasi ad effetto: minuti veri!

I minuti o sono minuti oppure porzioni di minuti.

Non esistono minuti finti, se sono minuti di trenta secondi sono mezzi minuti.

Eppure quando ci dicono minuti veri noi apriamo gli occhi e rimaniamo meravigliati… Oh, oh, oh… Minuti veri, che pacchia.

Quasi quasi mi meraviglio che non dicano anche biscotti veri… Oddio ma… Ma ora che ci penso visto che non dicono biscotti veri allora saranno biscotti finti?! Forse per questo non ci sono gli ingredienti.

D'accordo sei comico e mi fai ridere contento?!

Dimmi ora cosa c'entra il telefono con la crisi, perché io non capisco nulla.

Sì stai tranquillo, ecco qua: alla fine degli anni novanta sono arrivati i telefoni e questi hanno trovato un posto in paradiso ottenendo una cospicua fetta di mercato.

Si poteva telefonare alla nonna dicendo, "Lo sai sono al parco…" e la nonna ancora non pronta alla tecnologia diceva: "Stai telefonando dal telefono del bar della pinetina?".

"No, nonna… Chiamo da un telefono portatile".

"Vergogna, domenica andrai a confessarti".

Il mercato pompava alla grande e tutti i potenziali clienti si precipitarono a comprare un telefono.

Le prime telefonate erano fantastiche.

C'era chi ostentava il telefono con teatralità, chi telefonava dal treno comunque, in qualsiasi circostanza.

Ciao sono Graziella, il treno è in ritardo, Ciao sono Graziella, il treno è in orario… Come, chiamare anche per dire che è in orario? Certo, devo far vedere che ho il telefonino.

Ah giusto e poi? E poi anche se non si sapeva se il treno fosse in orario o in ritardo si telefonava lo stesso per dire che il controllore era un bell'uomo.

Comunque sia, al di là dell'aspetto pratico, una volta che il mercato è stato saturato, una volta che ognuno, anche il più scettico, si è reso conto che un telefono gli avrebbe cambiato la vita, anche se non sapeva che sarebbe cambiata in peggio, allora in quel momento tutto si è fermato.

Come fermato?! Sì, fermato… A pensare, anche se tardi, che avrebbe licenziato dei dipendenti, avrebbe perso dei soldi…

Che peccato stavamo tanto bene… Un attimo, ancora un attimo… Possiamo adescare clienti, facciamo i telefonini più piccoli, più colorati, con più funzioni, telefonini che fanno fotografie, telefonini per bambini, telefonini che fanno tutto, forse l'unica cosa che non fanno più, ma non siamo sicuri, è telefonare.

Il mercato ha tenuto per un po', ma poi più di dieci telefoni a testa ogni italiano medio non potrà comprare, allora facciamo anche abbonamenti personalizzati, nessun scatto alla risposta…

Nessun scatto alla risposta?! Perché abbiamo anche pagato per lo scatto alla risposta?!

Io soffro d'insonnia e una volta che mi addormento suona il telefono… Mi sveglio di soprassalto pensando a cosa mai possa essere successo?! Scusi ma chi parla?! La voce di una signora anziana, molto anziana cerca un tal don Ludovico?! Ma scusi, ha sbagliato e per rispetto alle migliaia di anni che potrebbe avere la vecchietta non le faccio neppur notare che don Ludovico alle tre di notte dorme oppure sarà in discoteca, certo non confessa… E poi cosa avrà fatto la vecchina? Peculato? Atti impuri? Appropriazione indebita?

Sono assalito dai dubbi e devo, o almeno dovevo, pagare lo scatto alla risposta?!

Si torna ancora ai minuti veri… Finalmente l'abbonamento dove pago i minuti veri dopo aver pagato tre anni per avere i minuti finti… Che sia la vecchietta l'ideatrice dei minuti finti?! Per questo si confessa?!

Capisco un sacco di cose sai? La causa delle crisi non l'ho capita ma ho capito tante cose, ora gli occhi non sono solo aperti, anche spalancati.

Povera Italia, vittima della gallina ubriacona e dei minuti finti… Ma la partita Napoli – Juventus non è terminata e quando siamo sul due pari eccoci allucinanti pubblicità sulle automobili.

Io ti seguo con piacere, ma sei sempre sicuro di non uscire dal tema della crisi?!

E tu sei sicuro che comprare dieci telefoni anche per i tuoi bambini che si telefonano in casa uno con l'altro con dei minuti finti, l'aver comprato la terza fuoriserie per l'amante di Antonio Banderas abbia stabilizzato il mercato? Che tutto ciò abbia dato solidità e lungimiranza alla gestione del tuo bilancio familiare?

Non è che potevi avere un solo telefono, magari dell'anno scorso e non è che magari potevi pagare i biscotti la metà se invece di Banderas c'era il contadino, ma quello vero, che aveva coltivato i prodotti per fare i biscotti.

Sempre che non siano sintetici e fatti con l'henné.

Ah bé allora siamo in tema e alla grande, vai pure avanti con le automobili.

Le automobili sono importanti.

Certo, sono davvero importanti. Da ultimi dati disponibili, in Italia si sono registrati 186.726 incidenti stradali con lesioni a persone su base annua.

Quindi se consideriamo anche i piccoli incidenti, senza lesioni, sono molti ma molti di più. Possiamo dire che le cause maggiori siano la stanchezza, l'alcool, le distrazioni in genere tra cui i telefonini di prima, ma anche la velocità.

Per le prime lo Stato non può far molto, ma ci potrebbe provare un pochino più convinto.

Per la velocità invece potrebbe fare davvero tanto e salvare la vita di tanti ragazzi.

Immaginiamo che le auto di qualsiasi cilindrata possano viaggiare al massimo a cento all'ora.

Cosa succederebbe di negativo? Arriverebbero tutti dopo e quindi?! Nulla, perché se a un appuntamento di lavoro arrivassi io più tardi tu faresti lo stesso.

Un camionista dovrebbe essere pagato per più ore ma pagherebbe il carburante meno e il risultato economico sarebbe lo stesso.

E di positivo? Migliaia di persone non morirebbero... Migliaia!

Perbacco... E centinaia di migliaia di automobili non si danneggerebbero... Non vorrai farmi pensare che sono più contenti di far danneggiare rischiando nel nome delle vendite?

Io non dico nulla, e ognuno la pensa come vuole, ma è certo che se le auto fossero limitate nella velocità, molti ragazzi sarebbero ancora qui: è più importante il mercato delle auto o la vita?

Ha senso se mettiamo in autostrada dei dispositivi che aiutano quando c'è nebbia, se poi un ragazzino imbottito d'alcool e droga ci viene addosso a duecento all'ora?!

Perché allora non facciamo una legge?! Mi spiace ma per questo non ho una risposta, ma vorrei averla.

La partita è terminata, sempre pari, e le pubblicità hanno reso tanti soldi che pagano il circo del calcio e i vizi dei calciatori.

E noi siamo contenti tutta la settimana che la nostra squadra del cuore sia ancora in corsa per la super coppa.

Felici ma più poveri, sempre più spremuti, sempre più alla mercé di cose che neppure conosciamo, che neppure capiamo. Sì, ma la colpa è di nuovo nostra.

Non pare scontato che davvero dovrebbe guadagnare tanto chi mette in sicurezza, ma in sicurezza davvero, un ponte o un grattacielo? Non dovrebbe essere pagato bene chi ci salva la vita come un valido medico? Non dovrebbe essere pagato bene un poliziotto che rischia la vita?!

Magari preferiamo che un ragazzo di diciotto anni perché bravo palleggiatore sia pagato milioni di euro, mentre noi in affanno, in cassa integrazione, paghiamo il biglietto della ormai famosa partita Napoli – Juventus?!

E se mai i nostri bambini volessero dei biscotti?! Come faremmo a pagare la fuori serie, e magari tre amanti, ad Antonio Banderas?!

E se la nostra cara mogliettina volesse un telefono nuovo generazione?! Saremmo di certo fottuti.

Cambio per non morire

Dunque è colpa mia? tutta colpa mia?

Abbiamo fatto un elenco lungo di cause e poi è colpa mia?!

Sì, è colpa tua e anche colpa mia: ormai l'abbiamo capito.

Ognuno di noi è colpevole e alle volte non lo è solo perché non riesce ad esserlo.

Cioè la solita storia che l'occasione fa l'uomo ladro?!

Sì, magari direi non tutti, ma purtroppo tanti, e per spiegarmi meglio definitivamente devo tornare all'elenco aggiungendo le ultime cose: i costi della politica, l'evasione delle tasse con licenza poetica sulle parrucchiere, i vizi comuni in ogni regione, lo spread, il debito dello Stato, la spesa per servizio pubblico radiotelevisivo, la spesa per copertura e interessi sul debito pubblico in scadenza, la gestione e manutenzione di beni artistici e culturali, proprietà statali, spese per prevenire eventuali disastri, calamità naturali e ambientali, la spesa per armamenti, per difesa militare, pubblica sicurezza interna e esterna, la spesa per i servizi pubblici offerti al cittadino dalla pubblica amministrazione come governo, parlamento, ministero, tribunali, regioni, province, comuni, comunità montane, la spesa per finanziamento di ricerca e sviluppo scientifico-tecnologico dei rispettivi enti pubblici di ricerca, università, la spesa per pubblica istruzione, la spesa assistenziale e previdenziale, la spesa per servizi pubblici primari o essenziali quali infrastrutture pubbliche e trasporti, le banche, i consumi.

Dobbiamo capire cosa ognuno di noi farebbe davvero in determinate circostanze! Dobbiamo davvero capire se la colpa è nostra per come siamo fatti.

Prendiamo la politica con costi.

Facciamo un esempio. Tu che stai leggendo, se diventassi parlamentare saresti davvero disposto a dire: per il bene dell'Italia invece che percepire ventimila euro al mese mi accontenterei di duemila euro?

Invece che utilizzare l'auto blu sono disposto a utilizzare l'autobus con quel sano odore di sudore?!

Bé ecco, magari se lo fanno gli altri… E tutti gli altri pronti a dire la stessa cosa.

Così, in attesa che qualcuno dia il buon esempio eccoci a percepire i ventimila euro al mese.

Non sono ventimila, parola di Antonio Boccuzzi.

Ehi, chi è Antonio Boccuzzi?

Con la faccia nera, le sopracciglia bruciate e una calma quasi sovrannaturale, Antonio Boccuzzi si era rivelato al mondo la mattina del 7 dicembre 2007: «Il fuoco è partito dalla spianatrice. Abbiamo provato a spegnerlo, ma gli estintori erano scarichi. C'è stata una forte esplosione, onde altissime. Sembrava di essere al mare. Ma erano fiamme. Ho spento il fuoco addosso a Scola, continuava a chiamarmi: "Toni, Toni, Toni…". Laurino invece non l'ho riconosciuto».

Antonio Boccuzzi, un eroe!

Dieci ore dopo il rogo alla Thyssen Krupp, l'operaio Boccuzzi non lo sapeva ancora, ma stava piantando i semi per una vita differente… Un seme in particolare avrebbe fatto nascere la pianta di una seconda vita che mai avrebbe immaginato: una vita da Onorevole. L'unico sopravvissuto della Linea 5 ora ha i capelli bianchi, è ingrassato di due taglie, ma conserva modi gentili.

È una brava persona.

È una brava persona davvero: lo dico perché fra poco potrei essere frainteso, ma vorrei capire.

Appuntamento al «Caffè dell'incontro» di Via Frejus, quartiere San Paolo, a cinquanta metri dalla vecchia casa da cui era stato sfrattato perché lo stipendio da operaio non bastava più.

Una bella soddisfazione, l'hanno sfrattato e lui passa lì davanti, con fare sornione, ora è persona Vip e chi l'ha sfrattato probabilmente lo vorrebbe come inquilino.

Ne è perfettamente consapevole: se oggi è in Parlamento è perché i suoi sette compagni – Schiavone, Marzo, Laurino, Scola, Santino, Rodinò, De Masi – non ci sono più.

Loro sono morti e lui è parlamentare, ma non è certo una colpa, anzi.

Potremmo dire che il sacrifico almeno è servito a far sì che una brava persona possa decidere qualcosa di utile per la comunità. Nell'intervista che troverai pubblicata si chiede ad Antonio i particolari, "Cosa succede quando ritorna l'onda di fuoco?"

Gli occhi si fanno lucidi, ma non è ipocrisia, Antonio è una brava persona, lo dico ancora, e pensa ai compagni che non sono stati fortunati come lui.

«È come un magnete che mi attrae. Arriva all'improvviso, quando non lavoro e mi fermo. Per questo cerco sempre di tenermi impegnato. Leggo molto, soprattutto romanzi legati alla cultura egiziana».

Questa cosa degli egiziani non è chiara, ma l'intervista prosegue.

Non ha paura di essere stato strumentalizzato?

«Sì, all'inizio c'è stato un pensiero di questo tipo. Ma poi mi hanno dato immediatamente l'opportunità di partecipare davvero alla vita del partito».

Ha ricevuto critiche? Incalza il giornalista.

«Soprattutto all'inizio. Mi è arrivata una lettera anonima con parole molto dure. C'era scritto che stavo sfruttando la tragedia per ragioni economiche. Mi fece molto male».

Qui sono dalla parte di Antonio: il problema non è sfruttare delle occasioni, ma farlo solo per gli altri.

Antonio, all'epoca, di tante cose non era informato, aveva una vita diversa, oggi invece ha la possibilità di approfondire.

Cosa le fa bene?

«Andare a parlare di sicurezza. Confrontarmi. Recentemente sono stato a Campello sul Clitunno, a Mineo. Con gli studenti di Casale Monferrato e gli operai di Rivoli e Orbassano».

C'era al voto per lo scudo fiscale?

«Ho saltato la costituzionalità, ma c'ero al voto finale».

Percentuali di presenze del deputato Boccuzzi?

«Intorno all'ottanta per cento. Le mie assenze sono legate quasi tutte al processo Thyssen».

Quasi tutte?! Peccato, uno scricchiolio.

A quanto pare Antonio, però, si sta comportando nel migliore dei modi.

Che rapporti ha con le famiglie delle vittime?

«Penso che alcune mi vogliano bene, altre no. Credo che il rancore sia legato al fatto che alla Thyssen facevo anche il delegato sindacale. Hanno l'idea che in quel ruolo potessi fare qualsiasi cosa, purtroppo non è così. Ma capisco: c'era la pretesa giustificata che noi avremmo dovuto fare chiudere la fabbrica. Non si poteva. Tutti volevamo lavorare. E se avessi lontanamente immaginato quello che sarebbe accaduto non ci sarei stato neppure io là dentro. Questo mi fa più male: io lavoravo con gli altri».

Questo è un passo fondamentale dell'intervista, Antonio è ora onorevole perché sono morte delle persone, ma chi voleva bene a quelle care persone ora non vuole bene ad Antonio. Quindi potremmo pensare che Antonio non abbia avuto riconoscenza da chi ha permesso che andasse in parlamento?

Lo so, purtroppo sono morti ma hanno lasciato fratelli, mogli, figli. Magari Antonio poteva o potrebbe aiutare qualcuno?! Vediamo.

Quanti infortuni sul lavoro ci sono stati nell'ultimo anno?

«C'è stato un décalage: 120 morti e 874 mila infortuni. Ma continuano a essere numeri da Paese incivile».

Déca che? Antonio, ma ora parli anche in modo strano?

Una volta certe parole non le avrebbe mai usate, si insinua il dubbio che stia diventando un pochino snob, ma nulla di grave. Qual è il pensiero che la tormenta?

«La mia mente ha cancellato tutti i momenti belli con i ragazzi, la vita in fabbrica. Mi viene sempre in mente quella notte. Ho visto morire sette persone, perché anche se non sono morte subito, in realtà erano già morte in quel momento. Erano in condizioni indescrivibili».

Ha dovuto sopportare cose tremende e noi non lo giudicheremo, almeno non per questo.

Condivide i suoi incubi in famiglia?

«Sì. Qualcuno mi ha detto che non dovrei parlare dei miei problemi. Credo che ci sia un tabù su questo tema. Ma mettere un muro avrebbe reso tutto molto più complicato. Sono umano, ho dei limiti, con quello che ho visto mi chiedo alle volte come faccio ad andare avanti. Devo trovare la forza, molte motivazioni».

Ha dei sensi di colpa?

«Bé, sì. Ci sono. Li vivo. Mi chiedo perché. A volte metto in discussione la fede. Altre volte la mia fede si rafforza. Perché mi sono salvato proprio io? Era meglio il contrario. Meno dolore. Sono pensieri da cui dovrei allontanarmi, ma non ce la faccio. È impossibile rimuovere. Solo sentire l'odore di qualcosa che sta bruciando mi fa precipitare».

Durante l'intervista a questo eroe emerge qualcosa che però lo fa cadere dall'olimpo, forse è solo un essere umano; una brava persona ma un essere umano.

Il peggio è che molti di noi, forse tutti farebbero la stessa cosa. Seguiamo con attenzione.

Quanto guadagnava da operaio?

«Ho appena guardato le ultime buste: la media era 1600 euro. Non poco, ma facevamo molti sacrifici, straordinari e turni notturni».

Antonio ha appena guardato le buste? Era nei sindacati… Un operaio che è nei sindacati non sapeva quanto guadagnava?! Non scherziamo.

Quanto guadagna oggi?

«13 mila 679 euro. Uno sproposito. Sarei pronto ad appoggiare immediatamente una proposta per ridurci lo stipendio».

Ecco in questo passo Antonio è cambiato, non è più l'eroe, non è più l'operaio con i capelli lunghi e la cicatrice sulla fronte, è un politico superficiale.

Io personalmente avrei voluto una risposta diversa: avrei gradito che dicesse: "Mi danno uno stipendio esagerato, ma settemila euro li giro alle famiglie dei sette ragazzi morti". Ne resterebbero tanti comunque!

Forse le famiglie dei ragazzi morti hanno lo sfratto esecutivo che li tormenta, mentre Antonio sorseggia un pinot grigio ghiacciato?

Attenzione, magari aiuta quelle famiglie e non l'ha detto perché è talmente bravo che non lo vuole neppure far sapere, ma certamente non avrebbe detto: "Sarei pronto ad appoggiare immediatamente una proposta per ridurci lo stipendio". E allora mi sa che se li tiene.

Inoltre, perché le famiglie dei ragazzi morti non gli dovrebbero volere bene?

Lui gli euro li tiene ma è pronto a far ridurre lo stipendio. Ecco, visto? Lui è pronto!

Il peccato è che tutti sono pronti ma nessuno dà il via, un vero peccato.

E poi lui ha provato a vivere con uno stipendio normale, gli altri neppure quello, dovrebbe sapere come si sta.

Il secondo esempio è certamente di facile conclusione: l'evasione delle tasse con licenza poetica sulle parrucchiere l'abbiamo già affrontata e abbiamo capito che ognuno di noi se può evade, anche di una sola piccola evasione.

La nostra giustificazione è legata al fatto che non riusciremmo a sostenere il costo dell'iva, ne siamo costretti e poi, come al solito, se qualcuno evade per milioni di euro non saremo mica noi gli evasori.

Sì, siamo anche noi evasori. Piccoli ed insignificanti, tuttavia evasori. Ed eccoci ai vizi comuni in ogni regione.

Prima pensavamo per campanilismo, per giustificazione, che le cose succedessero in altre regioni, al nord, al sud... Ora che sappiamo con certezza che capita da tutte le parti, allora eccoci nuovamente pronti a difenderci... Io non lo farei mai, io sarei onesto.

Salvo casi sporadici invece molti, la maggior parte, approfitterebbe della situazione se solo potesse.

Lo so, è cinicamente crudo questo concetto, ma davvero tanti sono onesti perché non hanno l'occasione di poter non essere tali.

Ecco l'uomo fedele alla moglie sui quarant'anni, che non se le cerca, che ama la famiglia più di qualunque altra cosa.

Sì, io sono così, come fai a non pensare che io possa essere onesto?

Mia moglie la venero e non la tradirò mai.

Ecco l'uomo comune che incontra una ragazza stupenda, davvero meravigliosa, di ventitré anni.

Intelligente, matura, comprensiva, con due tette da paura…

Questa ragazza è innamorata persa di questo uomo serio ed è disposta a fare qualsiasi cosa per lui, anche carnalmente.

Soprattutto carnalmente.

L'uomo prima s'interroga sulla vita e poi cerca giustificazione: ma io cosa mai ho fatto per me? Ricapiterà? Lo verrà a sapere qualcuno?

Per caso se non fosse davvero certo, lei lo rincuora dicendo che oltre a farlo impazzire a letto, non gli ruberà del tempo alla famiglia e mai per nessuna ragione lo rivelerà, neppure sotto tortura.

Ecco l'uomo medio che ne esce rinfrancato e accetta di tradire la moglie; quest'uomo non è preoccupato di fare una cosa sbagliata ma è preoccupato che si venga a sapere.

Scusa… Mi pare ancora che tu stia uscendo dal tema!

No, caro amico.

Metti che tu sia in consiglio comunale, o regionale, e questa meravigliosa creatura nel momento di massimo piacere ti chieda un piccolo insignificante favore, una piccola insignificante firma… Vuoi non ricompensare chi ti fa sentire importante, chi ti fa sentire bello ed anche giovane? Le sue tette valgono una firma?

Sì, metteresti la firma e avresti commesso un illecito, un illecito con abuso d'ufficio e tante altre cose già viste.

Sì, hai ragione sono come tutti gli altri.

Anche in regione la colpa è mia, la colpa è di tutti quelli che sono come me.

Allora non sono cattivo, sono debole.

La cattiveria è debolezza. Chi ha la forza di sostenere le proprie idee non ha bisogno neppure di urlare, figuriamoci di fare male al prossimo. Evidentemente il cattivo è debole e il debole è cattivo.

Qui rischiamo di uscire davvero dal tema e invece a noi interessa proseguire con gli altri temi dove ognuno di noi, perché ormai abbiamo capito, ha enormi responsabilità.

Questa però non me la bevo, come Antonio con il pinot grigio, perché siamo arrivati allo spread e io anche volendo con lo spread non posso farci nulla.

No, non puoi farci nulla come per tutte le altre cose, quasi tutte, ma se tu potessi o avessi potuto, saresti uno speculatore, un uomo che manipola i bilanci, che abbonda con le coperture dei cambi.

Scusa, ma perché per forza dovrei essere così?

Non per forza, ma è ragionevole pensare che se si fosse in condizioni di decidere si sceglierebbe la strada più comoda, anche per motivi etici.

Ah, eccoci al dunque! Allora potrei manomettere dei conti per qualcosa di buono?

In un certo senso.

Magari se tu fossi un banchiere potresti correggere dei conti salvando, ma solo momentaneamente, dei posti di lavoro, ma soprattutto salvaguardando il tuo.

Ammetti la verità, se ti dicessero, in modo riservato, manometti i conti e salvi il tuo posto di lavoro, seppur anche quello degli altri, oppure dichiari apertamente di essere in bancarotta ma sconti tre anni di carcere cosa sceglieresti? Va bene accetto il no comment. Andiamo pure avanti. Quindi dovrei cambiare per non morire, per andare avanti.

E del debito dello Stato, che dire allora?!

Il debito dello Stato non ci riguarda, è appunto dello Stato.

Lo stato però siamo noi e il debito è nostro. Parliamo di una decina di persone prima di ragionare sul debito: Michele Ferrero, il signor Nutella, ha un patrimonio di 14,2 miliardi di euro. Leonardo Del Vecchio, patron del gigante degli occhiali Luxottica, ha una fortuna di 8,6 miliardi di euro.

Quel poverello di Giorgio Armani con il suo misero capitale di 5,4 miliardi. Miuccia Prada, prima donna della classifica dei ricchissimi del Belpaese, con 5,1 miliardi di euro messi da parte. Paolo e Gianfelice Rocca, proprietari di Tenaris Dalmine, attiva nel campo dell'ingegneria energetica, e di una lunga lista di società, più o meno possiede lo stesso patrimonio. Silvio Berlusconi, l'ex primo ministro italiano, fondatore di Mediaset, proprietario del Milan, ha un patrimonio di 4,4 miliardi. Patrizio Bertelli è il marito di Miuccia Prada, amministratore delegato dell'omonimo gruppo, che deve la propria fama anche ai successi di Luna Rossa, di cui è patron, alla Louis Vuitton Cup del 2000, è in scia. Stefano Pessina è il fondatore del gruppo Alliance Boots, leader mondiale nel settore della farmaceutica. Il suo patrimonio pare ammonti a 1,95 miliardi di euro. Troviamo sul lastrico la famiglia Benetton, in questo caso è un intero nucleo familiare ad entrare in classifica. Carlo, Gilberto, Giuliana e Luciano, titolari del noto marchio d'abbigliamento made in Italy, hanno, sempre pare, un capitale di 1,5 miliardi.

Mario Moretti Polegato, il numero uno di Geox, ha vinto numerosi premi grazie alle sue capacità imprenditoriali: bravo e ricco.

Ma stavamo parlando del debito dello Stato, perché mi descrivi i ricchi? Per provocare invidia?!

No, sempre per capire; scusa tanto, ma dovrò fare uno dei soliti giri tortuosi.

Cosa mai potrà comprare la signora Miuccia con cinque miliardi, non milioni attenzione, che la spinge a conservarli?

Bé non può conservarli?! Fa del bene a tanta gente e tanta gente lavora grazie a lei e al suo caro marito. Avrà pure il diritto di avere da parte qualche soldino?!

Tu hai mai letto questa Ansa?!

"Anche le stelle del made in Italy e del lusso mondiale sono costrette a ridimensionare i loro organici. La crisi ha colpito persino alcune delle griffe più famose del mondo della moda. Ieri per la prima volta nella sua storia Prada ha annunciato di aver stipulato degli accordi con i sindacati mettendo in cassa integrazione a rotazione 250 dipendenti. Si tratta di una misura temporanea, sullo stabilimento di Levanella a Montevarchi che dà lavoro a tremila persone e che dovrebbe durare da 4 a 6 settimane, – Il calo degli ordini ha reso necessaria questa manovra che è solo temporanea – ha commentato Alessandro Mugnai della Cgil – Ma Prada non è in crisi."

Dunque interviene lo Stato e Miuccia ha cinque miliardi?

Lo Stato ha delle leggi e Miuccia non fa altro che seguire scrupolosamente le leggi.

Va bene, Miuccia è una brava persona, ma mi chiedo: se i soldi non li usa quando c'è bisogno, allora quando li usa?

Non si sa mai, metti che devi fare una visita imprevista, cinque miliardi di euro possono sempre servire… Allora meglio usare quelli dello Stato.

Ah ora capisco perché sei passato di qui: volevi dire che lo Stato ha tanti debiti perché chiunque possa ne abusa.

Ci sono imprenditori che hanno i capitali all'estero e chiedono la cassa integrazione.

Ci sono lavoratori che stanno anni in cassa integrazione e nel frattempo hanno un secondo lavoro in nero.

Lo Stato barcolla, ma giustamente fa bene ad affermare che il debito è nostro: in un modo o nell'altro lo abbiamo provocato.

Dalla nostra seppur sommaria carrellata ci troviamo a passare alla spesa per servizio pubblico radiotelevisivo.

Cosa faremmo noi trovandoci al posto di chi organizza o conduce questi programmi, abuseremmo forse del servizio pubblico?!

È difficile da dire in quanto la maggior parte di noi non si troverà su rai uno a condurre, ma neppure a organizzare, un programma in prima serata.

Saremo quindi innocenti fino a prova contraria.

La prova contraria c'è perché chi invece conduce questi programmi, persone normali magari un poco più intraprendenti o fortunate, dimostra di possedere un senso smisurato degli sprechi e dell'etica rivolta verso gli altrui comportamenti, sentendosi al di sopra delle parti.

Dobbiamo citare per onore di cronaca il Sanremo 2014 condotto da un ormai privo di smalto Fabio Fazio.

Quel Sanremo nel pieno della crisi certe cose le avrebbe dovute tollerare meno del solito, tuttavia è successo ugualmente.

Come cosa?!

Prima di tutto Fabio Fazio ha pattuito un compenso di circa 600 mila ai quali bisogna aggiungere telepromozioni per 150 mila.

750 mila per cinque giorni: una cifra mostruosa, irragionevole e addirittura offensiva nei confronti del popolo italiano, se si considera che Fazio nel corso dell'anno riceve un altro compenso dalla rai.

Se non fosse bastato questo dileggio verso i miti telespettatori, Fazio rincara la dose esternando questo pensiero: "Bello è vedere un barista che toglie le slot machine perché stanco di vedere la gente giocarsi la pensione"

Che bello, che bravo!

Anche noi nei suoi panni avremmo fatto lo stesso?! Anche noi saremmo stati così sentimentali?!

Sempre, come prima, non lo sapremo, anche se il sospetto rimane.

Fazio tuttavia non ha ricordato che lui per cinque anni è stato il testimonial del gioco del lotto.

Sì è ravveduto? Lottomatica forse non lo cerca piu'?! Non lo paga più? Anche se non fosse stato testimonial del gioco del lotto Fazio avrebbe dovuto pensare a diverse questioni: prima di tutto che il gioco rimane la maggior entrata dello stato e se il gioco non ci fosse allora tutti dovrebbero pagare più tasse… Non tutti guadagnano 750 mila come lui in soli cinque giorni.

Avrebbe dovuto pensare che il patologico rimane grave per qualsiasi settore: un giocatore che si gioca un euro non è male, uno che si rovina è male, ma così anche per le altre cose.

Bere un bicchiere di sangiovese romagnolo per la cena del Santo Natale non è male, bere cinque bottiglie ogni giorno è patologico oltre che paurosamente grave.

Sono molti di più quelli che abusano con l'alcool piuttosto che con le slot.

Fazio dimentica che senza il gioco legalizzato sarebbe in mano tutto alla criminalità, ma così anche per l'alcool.

Ma perché diciamo queste cose con la crisi? Te lo chiedo sempre per verificare se esci fuori tema.

Lo diciamo perché se volessimo un festival della canzone dovremmo avere solo un festival delle canzoni.

Bravi cantanti che si sfidano, anche gratuitamente, perché se sono davvero bravi la gente li conosce, li apprezza e poi compra i dischi.

Si spenderebbe poco, si contribuirebbe a reggere in un momento difficile.

Noi no! Vogliamo un festival della canzone dove le canzoni hanno un ruolo marginale.

Sono importanti gli ospiti, prevalentemente non cantanti, che devono e vogliono essere strapagati.

Milioni di euro per pochi giorni, milioni di euro.

Ecco perché parlando di queste cose si resta saldamente sul tema.

Finalmente ho trovato, seguendo l'elenco prima grossolanamente redatto, una cosa dove l'italiano non ha la minima colpa, anzi…

Magari potesse, parliamo della spesa per copertura e interessi sul debito pubblico in scadenza.

Qui l'uomo comune, l'italiano medio è totalmente innocente.

Avevamo già condiviso il discorso che in realtà se prestiamo soldi allo Stato sotto forma di bot, o altri titoli, prendiamo un interesse molto più basso di quanto in realtà lo Stato stesso paghi mediamente. E pure ci interesserebbe sapere perché!

Evviva, evviva, per questa cosa sono innocente!

Sì, per questa cosa sei innocente, per questa cosa sono innocente.

Mi viene un sospetto, una consapevolezza, sto cominciando a prendere coscienza... Vuoi vedere che il principale responsabile, interessi esclusi, sia proprio l'italiano medio... Che io sia davvero colpevole per i mali d'Italia?!

Lo so, è difficile da accettare, ma in effetti sta emergendo che ognuno di noi è colpevole e che se non lo è totalmente lo sarebbe quasi certamente se solo ne avesse le possibilità.

Bé allora come la mettiamo con la gestione e manutenzione di beni artistici e culturali di proprietà statale?!

Anche questa cosa allora non mi tocca...

Invece sì, prima di tutto l'italiano medio non valorizza la propria arte, non la conosce, non la apprezza, non la studia, non la cerca... Peggio, la evita, la ignora, la disprezza.

Ha quindici giorni liberi nella vita e va in vacanza in un residence dove ti offrono aperitivi azzurri, dove quasi tutto è sintetico e fuori da questi villaggi artificiali si muore di fame.

Eccoci a farci imbambolare con giochi per poveri mentecatti da animatori che non vedono l'ora di iniziare la caccia ai perizomi della spiaggia.

Le nostre opere d'arte cadono a pezzi e, se vengono a mancare, pochi se ne accorgono.

L'italiano medio vive ottanta anni nella sua città, nella città di suo padre e non ne conosce la storia, non ne apprezza le opere che il mondo intero ci invidia.

Ma io non ho tempo! Altrimenti mi piacerebbe.

Parli quarantadue ore alla settimana – due ore in più dell'orario di lavoro – del calcio, dell'allenatore, della formazione, della coppa e così alimenti tutto quanto detto sulla famosa partita tra Napoli e Juventus, sempre in pareggio, e non hai tempo per informarti, magari visitandolo una volta nella vita, sul monumento principale della tua via?!

I pochi che li visitano magari sono costretti da una gita scolastica, così buttano carte, scrivono frasi oscene sul monumento stesso, ne prendono un pezzo come trofeo ma poi lo usano per scacciare un gatto tirandoglielo addosso?!

Ti senti un pochino più coinvolto? Sì, certamente anche per questa voce l'italiano medio è colpevole.

Quando arriviamo alle spese per prevenire eventuali disastri dobbiamo vergognarci e potremmo tacere, tuttavia qualche parola la possiamo spendere, tanto per rimanere ancor più in tema.

La spesa che bisognerebbe accettare volentieri dovrebbe essere legata alla prevenzione, ma noi non siamo così lungimiranti.

Per la prevenzione e la salvaguardia del territorio la legge di stabilità ha messo a disposizione solo 30 milioni di euro per il 2014. In Francia si è verificato che la gestione partecipata del territorio incrementa di 6 volte il valore di ogni euro pubblico investito: 3 in ristorno dei danni ed almeno altrettanti sollecitando investimenti privati; tanto per fare un esempio.

Come annunciato dai dati registrati negli anni più recenti, Novembre si conferma mese dalle forti criticità idrogeologiche, accentuate dai cambiamenti climatici, che evidenziano la grave fragilità del territorio italiano, dove 5.581 comuni, cioè il 68,9%, sono interessati da aree ad alto rischio idrogeologico; oltre la metà delle regioni italiane è stata colpita, nell'ultimo triennio, da eventi calamitosi di origine naturale, causa anche di numerose vittime.

Tu dove abiti? E tuo figlio? Ti interessa? Fai finta di niente come ogni italiano medio?!

Peccato, butti altri soldi che poi ti chiedono incrementando la crisi e rischi pure... Ti pare una cosa logica?! No, non ti riprendo, non ti rimprovero io sono come te, come gli altri, un italiano medio.

Tuttavia di fronte a questo quadro sorge una domanda spontanea: come può la politica pervicacemente continuare a disattendere fondamentali scelte anche economiche, quali quelle legate alla salvaguardia del territorio? Mettere in riga qualche cifra serve a capire che un deserto è fatto da miliardi di granelli di sabbia e noi possiamo contribuire a far sì che il deserto non ci sia ma piuttosto una valle florida ne prenda il posto.

Ognuno di noi è responsabile di innumerevoli questioni, miliardi di granelli di sabbia.

Nel solo 2013, sempre come esempio, maltempo ed alluvioni hanno causato danni per oltre 1 miliardo all'agricoltura, cui devono aggiungersi i danni altrettanto ingenti ad infrastrutture civili, pubbliche e private. Mediamente riparare i danni da calamità naturali costa allo Stato lo 0,7% del Prodotto Interno Lordo; dal dopoguerra ad oggi, ciò ha significato circa 3 miliardi e mezzo di euro all'anno. Vale la pena di ricordare che il piano per la Mitigazione del Rischio Idrogeologico, annualmente presentato dall'ANBI, ha previsto, per il 2013, 3.342 interventi, per lo più immediatamente cantierabili, con un importo complessivo di circa 7.409 milioni di euro, finanziabili con mutui quindicennali; in altri termini, ridurre fortemente il rischio idrogeologico del nostro Paese, costerebbe solo il doppio, per altro "spalmabile" su 3 lustri, di quanto annualmente si spende, dal 1944 ad oggi, per riparare i danni da calamità naturali, senza considerare il tributo in vite umane. La vita intanto non ha prezzo e se poi è la tua sono ancor più certo che sarai d'accordo.

Non solo; intervenire in prevenzione produce un serie di conseguenze virtuose. È stato infatti calcolato che ogni milione di euro crei 7 posti di lavoro.

Tanti soldi. Ma per tanti posti di lavoro e tante vite salvate. Sembra poco?!

È meglio prevenire e noi invece abbiamo chiuso occhi e orecchie.

Nel 2014 sono stati chiesti cinquecento milioni e ne sono stati stanziati trenta.

È vergognoso ancor di più se si pensa che non arriveranno certo tutti.

Si perderanno in corruzioni, concussioni, tangenti, sprechi… Lo so, sono ancora un italiano medio ma sarei lieto, ben lieto di essere smentito.

No, non fare finta di niente, è colpa anche tua.

Tu che hai costruito sperando in un condono, tu che tagli gli alberi, tu che lasci il vecchio frigorifero sul marciapiede, tu che butti la lattina di birra in mare, tu che disprezzi la terra in cui vivi… Tu come me.

Sì bravo, dai pure la colpa a me, ma voglio vedere come potrai mai darmi la colpa per la spesa per armamenti!

Io, se compriamo dei razzi per un'ipotetica guerra, non c'entro nulla.

Con la guerra davvero non ho a che fare e quindi almeno per questo mi sento totalmente assolto per non aver commesso il fatto.

Eh sì, ti piacerebbe!

Cosa vuoi dire?! Stai per caso insinuando?!

Sì. Anche qui mio caro amico non puoi fare finta di niente: hai la tua buona responsabilità.

Io?! E per cosa?!

Abiti in un condominio?!

Bé, sì... Ho già capito dove vuoi arrivare.

Quella del primo piano è insopportabile.

Io sono un mite ma lei la detesto la prenderei a calci; non è colpa mia, è lei che si comporta male.

Lascia la spazzatura nell'atrio perché dice che la sera è freddo. Allora perché non tiene la sua spazzatura nel suo appartamento? Dobbiamo vedere le sue bucce di banana e le sue scatolette di tonno?! Non chiude neppure bene i sacchetti.

A dirla tutta non sopporto nessuno del condominio.

Il mio parcheggio è sempre occupato: questi bastardi lo utilizzano appena vado via.

In realtà non sarebbe proprio mio mio ma... Bé, io ci sono abituato e non tollero che lo usino gli altri.

E poi ci sono tante cose che non vanno. Il riscaldamento centralizzato è uno scandalo! È giusto che loro stiano in canottiera e io debba pagare tutti quei soldi per riscaldare?! Non potrebbero mettersi una maglia di lana?!

Se fosse per me prenderei una bomba... Oddio mi sono tradito, oddio hai ragione, è colpa mia anche la questione degli armamenti.

Com'è possibile che ogni uomo non arrivi a capire che c'è lo spazio per tutti?

Ammetto è colpa mia se ci sono le guerra ma anche le carestie... Lo sai che ieri sera abbiamo buttato mezzo chilo di carne che avevamo dimenticato nel frigorifero?! Una volta i nostri genitori si sognavano di notte le fettine di carne e noi le buttiamo... Procedi pure oltre.

Non venirmi però a dire che io c'entro con la spesa per i servizi pubblici offerti al cittadino dalla pubblica amministrazione?

Perché io di servizi non ne ricevo nessuno.

Farò molto presto a parlare di questo argomento anche se le cose da dire sarebbero molte.

Prima di tutto è un luogo comune che non si ricevano servizi.

Guardiamo una statistica, se è vero che il dieci, venti o anche il trenta per cento degli italiani riceve un disservizio o non riceve nulla, allora vuol dire che il settanta, ottanta o anche il novanta per cento degli italiani ha quanto deve avere in termini di servizi da parte dello stato.

Un altro aspetto fondamentale sono i soliti sprechi e le solite "zuppe" all'italiana.

Sei pronto a lamentarti per scandali ascoltati alla radio: mentre tu ricevi un disservizio infatti si viene a sapere che qualcuno dei dipendenti statali timbrava al posto di altri e che qualcuno aveva messo un parente in un posto eludendo un concorso.

Hai ragione, non va fatto, hai ragione, è una vergogna ma ti devo chiedere: sei proprio sicuro che se tu fossi tanto autorevole da mettere tuo figlio in un posto fisso e sicuro, se lui non trovasse altro lavoro, se probabilmente nessuno lo venisse a sapere… Non continuare, l'ammetto, anch'io farei la stessa cosa.

Anch'io potrei approfittare della situazione.

Sono però contento di dirti che per la spesa per finanziamento di ricerca e sviluppo scientifico-tecnologico dei rispettivi enti pubblici di ricerca e Università io non c'entro nulla e non potrei c'entrare nulla.

Hai ragione, qui i soldi non vengono sprecati e lo spreco è proprio questo.

In che senso?! Sprechiamo perché non sprechiamo?! Non riesco proprio a capire.

Lo spreco sta nel fatto che investendo poco e male nella ricerca, l'evoluzione è modesta, le scoperte sono misere.

Investendo di più non sarebbero spese, ma appunto investimenti. Nel giro di meno tempo si avrebbero risultati più importanti e tutti starebbero meglio.

Ah ecco… Quindi l'unica volta che dovremmo fare qualcosa non la facciamo.

Per fortuna almeno qui non è colpa mia.

E invece sì.

No, questa volta non mi freghi io non sono un ricercatore, non sono uno studioso. Io non c'entro, non devo studiare.

Nel tuo piccolo invece potresti fare grandi cose se dedicassi anche un paio d'ore al tuo aggiornamento.

Oggi è facile sapere cosa può farti stare meglio come salute generale, è alla portata di tutti sapere cosa è inquinante, i modi per risparmiare.

Se ognuno fosse più informato starebbe meglio lui e farebbe stare meglio le persone che ha intorno.

Non trovare scuse: aggiornati!

Sì, forse hai ragione, ma intanto eccoci alla spesa per pubblica istruzione.

Come faccio a buttare i soldi della pubblica istruzione se non mi aggiorno?!

Io non vado a scuola e i miei due figli che vanno alle medie non hanno voglia di studiare.

È probabile che lasceranno presto la scuola… Quindi anche loro non fanno buttare soldi allo stato, perché non hanno voglia di studiare. No, caro amico, la scuola è fondamentale.

Ho già capito che tipo di genitore sei.

Tu vai a fare del casino se hanno requisito il telefono a scuola a tuo figlio perché chattava con una compagna…

Se è per questo gli hanno requisito anche le sigarette perché mentre chattava fumava in classe.

Tuo figlio, il maggiore, è ripetente e le poche volte che va a scuola dà fastidio agli altri.

Secondo te di chi è la colpa?

Certamente sua, solo sua!

Sei sicuro?!

Vuoi dire che anche qui sono responsabile? Non ci credo!

Segui tuo figlio negli studi?

No, alla sua età io lavoravo.

Hai spiegato a tuo figlio l'importanza degli studi per inserirsi poi nella società?

Non ho capito, dov'è che deve andare?!

Lasciamo stare… Facciamo un passo indietro… Quante ore al giorno passi con i tuoi figli?

Non ho capito, con chi passo cosa?!

Non ha importanza, ho capito io.

La scuola è un'immensa risorsa, i figli di oggi sono i genitori di domani e gli insegnanti andrebbero aiutati dalla comunità per forgiare i giovani e non ostacolati come spesso avviene.

Va bene, d'accordo… Ma quando mi ridanno il telefono di mio figlio che ho comprato a rate?

Lasciamo correre e passiamo alla spesa assistenziale e previdenziali.

Io non spreco né assistenza né previdenza.

Se solo un giorno sei stato a casa dal lavoro perché non ne avevi voglia e se solo un giorno non hai lavorato seriamente per mettere da parte la pensione, allora è inutile che svisceriamo il problema.

Quindi se ti dichiari colpevole subito vado velocemente avanti.

D'accordo lo ammetto: alle volte un bel certificato mi accorcia la settimana.

Non sono sicuro che vorrai andare avanti con il prossimo argomento, nei trasporti non si fa nulla di concreto e poi io non spreco nulla mai; il prossimo argomento non mi tocca.

Sì invece, per la spesa per servizi pubblici primari o essenziali quali infrastrutture pubbliche e trasporti anche tu vieni chiamato in causa come sempre.

Prima di tutto si tratta di un luogo comune che per i trasporti non si fa nulla.

Vorrei parlare portando un esempio per tutti: la metropolitana di Milano. I primi progetti concreti per una linea metropolitana a Milano sai a quando risalgono?! Ad oltre cento anni or sono.

Risalgono al 1912, con la presentazione ad opera dell'ingegner Evaristo Stefini del progetto di sotterranea che avrebbe dovuto congiungere Milano con Monza e di quello dell'ingegner Carlo Broggi, per una linea che congiungesse Loreto a San Cristoforo. Il Comune fissò pertanto per il marzo 1913 il limite massimo per la presentazione di proposte effettive per la realizzazione e la successiva gestione della metropolitana: fra tutte quelle presentate tre furono quelle scelte. Nel 1914 tuttavia la commissione giudicatrice sancisce che nessuno dei tre progetti risponde alle esigenze della città, concludendo che l'unica eventuale linea di possibile attuazione sarebbe quella che congiungerebbe la stazione Centrale con la stazione Nord, passando per piazza Duomo. Lo scoppio della guerra chiuse definitivamente la breve parentesi.

I tempi non erano maturi e fin qui in effetti fu uno spreco di tempo e di denaro. Visto che sprecano?!

Sì, un attimo… Nel 1938 è proceduta la pianificazione per un sistema di sette linee, ma fu interrotta dopo l'inizio della seconda guerra mondiale e a causa della mancanza di fondi.

Visto che se li rubano?!

Non li rubarono, allora non c'erano proprio.

Il 3 luglio 1952 l'amministrazione comunale deliberò per un progetto di un sistema metropolitano e il 6 ottobre 1955 venne creata una nuova società, Metropolitana Milanese, per gestire la costruzione della nuova infrastruttura. Il progetto fu finanziato con 500 milioni di lire, le amate lire, dal Comune e il resto con un prestito da parte dei cittadini che accorsero entusiasti.

Il cantiere della prima linea fu aperto in viale Monte Rosa il 4 maggio 1957. Le stazioni della nuova linea furono disegnate dallo studio di architettura di Franco Albini e Franca Helg, mentre Bob Noorda progettò la segnaletica. Per questo progetto sia Albini-Helg sia Noorda vinsero anche un premio speciale, il Compasso d'Oro. Fu un bel progetto quindi.

La prima vettura, matricola 101, della metropolitana entrò in galleria il 10 dicembre 1962 dallo scivolo provvisorio installato davanti al Castello Sforzesco. Nel 1962!

Va bene e quindi dove vuoi arrivare?!

Aspetta fammi dire, o meglio scrivere, devi prima capire che lavoro enorme ci fu dietro.

Ci fu tanto lavoro e durò davvero molti anni, morirono anche delle persone in alcuni incidenti.

D'accordo sono stati bravi, molto bravi e qualcuno è pure morto e io rispetto tutti ma non puoi dirmi che io c'entro con lo spreco sui trasporti.

Bé tu uomo comune c'entri comunque.

Tu che cerchi di non pagare il biglietto, tu che se puoi ne approfitti, tu che quando eri studente scrivevi sui finestrini della metropolitana "vorrei farmi Daniela"… Tu di rispetto non ne hai, o non ne hai avuto molto.

Gli sprechi sono colpa anche tua.

Poi usi l'auto anche se potresti usare la metropolitana, spendi di più e rendi vano il servizio.

Forse è vano anche il sacrificio di chi è morto nell'intento di costruire la metropolitana.

Sei sicuro che qualcosa di più non potresti fare?!

Va bene, basta!

È sempre tutta colpa mia.

Voglio vederti ora, siamo arrivati alle banche.

Le amate e odiate banche.

Voglio vederti ora, a colpevolizzarmi, voglio vederti ora.

Io con le banche non c'entro nulla, sono loro che mi hanno rovinato, sono loro che desiderano spremermi come un limone.

Io non c'entro nulla.

Ora prova pure a smentirmi.

Niente di più facile.

Guadagni milletrecento euro e fumi due pacchetti di sigarette al giorno.

Lo stipendio non è molto ma è dignitoso, fumare fa male e due pacchetti al giorno è dannoso alla salute.

Ora però vediamo solo l'aspetto economico.

Due pacchetti al giorno significa trecento euro al mese, non ci avevi pensato?!

Sì certo, dipende dalla marca ma ci sbagliamo di poco.

Lavori dal 1 al 10 di ogni mese solo per poter fumare.

Dieci giorni di arrabbiature, di stanchezza, di tutto quello che vuoi solo per le sigarette. È colpa delle banche?

Ma così esci fuori tema: così parli dei miei soldi, non di quelli delle banche e del loro comportamento.

Sì, ma prima di arrivare al comportamento delle banche dobbiamo sapere perché tu hai bisogno di loro.

I tuoi mille trecento euro intanto sono diventati mille solo per le sigarette e hai deciso di non usare la metropolitana.

Cosa c'entra, l'auto mi serve... Almeno per uscire la sera.

Peccato che tra bollo, assicurazione e benzina spendi 155 euro al mese, i tuoi soldi stanno calando, rimangono 850 euro senza ancora far nulla di essenziale.

Hai deciso di andare a vivere da solo e hai preso un monolocale vicino alla fermata della metropolitana, che non usi, "Bande nere" di Milano.

Spendi cinquecento euro al mese e te ne restano 350.

Trecentocinquanta al mese? E non ho ancora fatto niente?!

Lo sai che non ci avevo pensato?

Di bollette, tra gas, luce e riscaldamento, visto che sei solo e in un monolocale, non spendi molto, tuttavia si tratta comunque di un'altra "carta" da cento e così ti restano 250 euro.

Da qui devi togliere gli 8 euro che spendi a menù fisso per ogni pasto per i ventidue giorni lavorativi e con questi 176 euro rimani con 74 euro al mese.

Vesti in modo modesto e non spendi un granché, tuttavia, soprattutto le scarpe e la biancheria ogni tanto hanno bisogno di essere cambiate e qui mediamente arriviamo a soli venticinque euro al mese, rimangono 49 euro al mese.

L'auto l'hai presa a rate con la tua banca, ricordi?!

Spendi ogni mese 150 euro per l'acquisto dell'auto e hai ancora quattro anni avanti a te, vuol dire che ogni mese sei sotto di 101 euro al mese.

Devi aggiungere il mangiare la sera e i fine settimana, devi aggiungere i cinquanta euro che spendi ogni sabato sera perché hai diritto di divertirti, devi aggiungere tutte le piccolezze, anche solo il superenalotto, a cui devi o vuoi far fronte e saltuariamente ci sono gli imprevisti.

E poi lasciamo stare il telefono… Ma a chi telefoni, che non hai lo straccio di una ragazza?!

Ogni mese vai in rosso per cinquecento euro che sono seimila euro all'anno, senza contare gli interessi, anche capitalizzati.

Porca vacca, io i conti non li avevo mai fatti, per lo meno così precisi.

Ma non è colpa mia… È che guadagno poco.

Sì forse, ma visto da dove parti potresti fumare meno, potresti non avere la macchina, potresti non telefonare a presunti ed inutili amici.

Non diventeresti ricco, ma almeno non verresti tartassato da queste banche.

Non è colpa tua se guadagni poco, ma non è colpa loro se fumi molto.

E poi ti ho detto il minimo indispensabile.

Visto che vivi in un monolocale, potresti dividere un appartamento con un altro ragazzo e con due ragazze così faresti amicizia e sarebbe possibile dividere le spese.

Ci avevi pensato?

Cominceresti a mettere da parte anche solo cinquanta euro al mese.

Il che non vorrebbe dire cambiare vita, ma in un certo senso sì.

Fa differenza avere alla fine dell'anno un debito da seimila euro, più interessi, oppure avere il conto a credito di seicento euro?

Io dico di sì e le banche non sapresti neppure che esistono.

Allora è tutta colpa mia, la crisi è colpa mia e se le cose non vanno bene è solo colpa mia.

Adesso non esagerare, ora sappiamo qual è la tua colpa, cioè la nostra colpa perché io sono come te.

A questo punto giungiamo ad un'amara conclusione che chiunque – diciamo il 99 per cento di chiunque – ne abbia la possibilità, ne approfitta e chi ha più potere ne approfitta, così come chi ha più occasioni.

Allora dobbiamo citare, e lo facciamo con piacere, un dogma di Totò, Antonio Griffo Focas Flavio Angelo Ducas Comneno Porfirogenito Gagliardi De Curtis di Bisanzio.

Totò diceva infatti in un celebre film:

"L'umanità, io l'ho divisa in due categorie di persone: Uomini e caporali. La categoria degli uomini è la maggioranza, quella dei caporali, per fortuna, è la minoranza. Gli uomini sono quegli esseri costretti a lavorare per tutta la vita, come bestie, senza vedere mai un raggio di sole, senza mai la minima soddisfazione, sempre nell'ombra grigia di un'esistenza grama. I caporali sono appunto coloro che sfruttano, che tiranneggiano, che maltrattano, che umiliano. Questi esseri invasati dalla loro bramosia di guadagno li troviamo sempre a galla, sempre al posto di comando, spesso senza averne l'autorità, l'abilità o l'intelligenza ma con la sola bravura delle loro facce toste, della loro prepotenza, pronti a vessare il povero uomo qualunque. Dunque dottore ha capito? Caporale si nasce, non si diventa! A qualunque ceto essi appartengano, di qualunque nazione essi siano, ci faccia caso, hanno tutti la stessa faccia, le stesse espressioni, gli stessi modi. Pensano tutti alla stessa maniera!"

Il problema è che queste facce non solo di moltiplicano ma anche si modificano.

Magari nasci umile, sconosciuto e non hai occasioni, così non la pensi alla stessa maniera, ma poi se ne hai l'occasione diventi uguale a loro... La stessa faccia, la stessa espressione.

Chi ha fatto piccoli guai non è meglio di chi ne ha fatto di grandi, ha solo avuto meno occasioni oppure più piccole.

L'Italia non va bene da millenni, da quando è diventata una società, da quando non era ancora Italia ma solo la nostra amata penisola.

Le cose vanno sempre allo stesso modo ma ogni tanto bisogna dare un fermo, altrimenti il sistema scoppia, altrimenti chi ne approfitta non potrebbe più farlo.

Se il sistema diventasse anarchia, chi è capo, chi è ricco, chi ha potere e tutti i benefici dal caso diventerebbe un uomo identico e disperato come gli altri.

Allora bisogna dire che le cose non funzionano e bisogna mettere in riga gli italiani, ma alla fine non paga mai chi dovrebbe.

Sì è vero, ci sono alcuni che spassionatamente vorrebbero cambiare le cose, anche tra i giovani fortunatamente c'è chi la pensa così, hai sentito questa canzone?!

Questa mattina per fortuna c'è un'aria diversa Il sole coi suoi raggi penetra dalla finestra Quant'è bella la mia terra Mi manca quando parto Porto una cartolina di riserva Questo posto non deve morire La mia gente non deve partire Il mio accento si deve sentire La strage dei rifiuti L'aumento dei tumori Siamo la terra del sole. Non la terra dei fuochi...

Ma sono solo parole, stupende parole e purtroppo anche inutili.

No, dai non dire così, fammi credere che sia possibile cambiare, dammi una possibilità.

Eh sì, mi piacerebbe... Più a me che a te... Ma pare impossibile.

Perché dici così?

Perché quando si parla di crisi, come in questi anni, non lo si fa perché si vuole bene al prossimo.

Si parla di crisi perché si ha paura che il sistema scoppi e chi ha quel poco potere da caporale lo perda... Sì, ognuno di noi, almeno chi è per certi versi caporale, ha paura di essere degradato ad uomo, uomo qualunque.

Allora eccoci a togliere le tasse ma con le coperture adeguate, che per chi non l'avesse capito subito, sarebbe come dire che il latte costa la metà ma il pane il doppio.

Vuoi dire che non c'è nessuno che davvero voglia bene al prossimo?

Non sono io che ti dirò questo ma vorrei che pensassi, uno Tsunami nel pacifico oppure sul litorale di Anzio per te sono esattamente la stessa cosa?

Vorrei chiederti, se uccidono un'anziana per derubarla sei colpito nello stesso modo sia che questo sia avvenuto a diciotto metri da casa tua oppure a cinquecento chilometri?

Hai ragione, mi interessano solo le cose che mi toccano o che potrebbero farlo.

Io desidero lamentarmi per le cose che toccano me, desidero migliorare quelle che mi riguardano e così facendo non tutelo la comunità.

Arraffo quanto possibile sul presente ma non ho la lungimiranza di preparare il futuro.

A forza di fare così però non si trova nessuno che lo faccia, in modo disinteressato, e pian piano, ma neanche troppo, ci stiamo giocando tutto.

A questo punto devo dirti che Moretti, quello di cui abbiamo parlato prima, che guidava, non come macchinista, le ferrovie, ha fatto bene a lamentarsi: mentre io scrivevo, ha già trovato un altro posto di lavoro.

Ora guida Finmeccanica.

Eccoci alla tragica conclusione, che l'Italia esiste ma non è come dovrebbe essere.

Le regole, i princìpi, i valori dell'Italia sono fantastici ma ognuno di noi nella propria quotidianità non li rispetta.

Ognuno di noi è colpevole, ognuno di noi potrebbe essere migliore.

Potrebbe rispettare il vicino di casa, lavorare con più convinzione e amore, con riconoscenza verso il datore di lavoro, potrebbe accontentarsi di meno per godersi quel poco e nello stesso tempo riempire il porcellino per i tempi peggiori o futuri.

Ognuno di noi potrebbe tornare a giocare con i propri figli invece di chattare con l'amante virtuale, potrebbe accorgersi che la propria moglie è in realtà più bella delle altre donne, ma che avrebbe bisogno di essere aiutata per fiorire ancora una volta.

Ognuno di noi dovrebbe capire che se per dieci anni abbiamo buttato del cibo oggi non siamo in crisi davvero ma siamo vittima di noi stessi.

Ognuno di noi, certamente in dimensione diversa ha fatto qualcosa di sbagliato in questi anni, in questi mesi, in queste settimane e così la valle fiorita è diventata un deserto.

Un infinito deserto composto da miliardi di granelli di sabbia.

Indice